쇼펜하우어,
홀로서기 인생철학

쇼펜하우어, 홀로서기 인생철학

균형 있는 삶을 위하여

|서경홍 지음|

Schopenhauer

굿모닝미디어

일러두기

이 책은 Arthur Schopenhauer. Zürcher Ausgabe.《Werke in zehn Bänden》. Band 1-4, Zürich(1977)과《Parerga und Paralipomena》(https://TheVirtualLibrary.org)를 주요 텍스트로 삼았으며, 을유문화사가 펴낸 홍성광 옮김,《의지와 표상으로서의 세계》와《쇼펜하우어의 행복론과 인생론》을 참고했다.

가끔 벽에 붙은 서가에서

나의 쇼펜하우어를 꺼내 본다.

그는 이 세상살이를 일컬어

'슬픔으로 가득 찬 감옥'이라 했다.

- 릴케, <그럼에도 불구하고> 중에서

차례

2부 — 인생의 파도 헤쳐나가기

3부 — 쇼펜하우어의 홀로서기 철학

칸트와 쇼펜하우어, 그리고 람페와 아트만

칸트, 쇼펜하우어를 모르는 사람은 아마도 없을 것이다. 그러나 람페와 아트만을 아는 사람은 드물 것이다. '아트만'이라는 말을 들었을지는 모르겠지만.

람페는 칸트의 집사였다. 영어식으로 말하자면 램프. 평생 독신으로 살았던 칸트의 집안일을 돌보고 비가 오나 눈이 오나 산책하는 칸트의 뒤를 따랐던 사람이 람페이다. 그리고 이러저러한 일을 겪다가 프랑크푸르트로 이사한 쇼펜하우어도 칸트처럼 산책이 중요한 일과였는데, 그 산책을 항상 함께한 반려견의 이름이 아트만이다. 아트만은 인도의 우파니샤드 철학에서 절대 변치 않는 초월적 자아를 뜻한다. 두 사람은 산책을 일과에서 빠뜨릴 수 없는 중요한 일로 생각했지만, 칸트는 람페를 뒤따르게 했고 쇼펜하우어는 아트만을 앞세웠다. 이게 두 사람의 차이다.

칸트와 쇼펜하우어는 지금의 독일 땅이 아닌 폴란드에서 태어났다. 칸트는 쾨닉스베르크, 쇼펜하우어는 단치히가 출생지이다. 프로이센 왕국이 세력을 키우고 영토를 확장한 덕분이지만 칸트와 쇼펜하우어의 철학은 온전하게 독일의 유산으로 남게 되었다. 칸트는 1724년에 태어나 1804년에 세상을 떠났고, 쇼펜하우어는 1788년에 태어나 1860년에 생을 마감했으니 두 사람이 생전에 겹치는 시기는 쇼펜하우어가 십 대 후반, 당시 영국과 프랑스 여행을 다녀오고 아버지가 갑자기 세상을 떠난 혼란한 시기였다.

그러나 분명한 것은 쇼펜하우어가 칸트의 영향을 지대하게 받았다는 사실이다. 이것은 쇼펜하우어 스스로 자기 철학의 반은 칸트에게서, 그리고 나머지 반은 인도 철학으로 완성했다는 말로써 확인할 수 있다.

2023년 펠릭스 하이덴라이히Felix Heidenreich는 《철학자의 시종》이라는 아주 재밌는 소설을 발표했다. 이 소설의 주인공은 칸트의 집사였던 람페이다. 소설의 주요 동기는 칸트가 40년 동안 근무했던 람페를 1802년 갑자기 해고하고, 그가 죽기 직전에 "람페라는 이름은 완전히 잊혀져야 한다"라고 남긴 메모이다.

사람들은 람페의 해고에 대해 오로지 윤리와 도덕에 충실했던 칸트답지 않다고 했고, 칸트도 그런 죄책감에 시달렸을 거라고 추측했다. 칸트답지 않은 조그만 에피소드 하나가 허물이라곤 찾아볼 수 없었던 칸트를 입방아 찧기에 적당했을 것이다. 알려진 바에 따르면 람페가 술을 마시기 시작하여 칸트가 그를 해고했다고 한다. 람페의 시중에 익숙했던 칸트는 요한 카우프만을 후임자로 고용했으나 그를 계속 람페로 불렀다. 1798년 칸트는 람페에게 해마다 400굴덴을 지급하라는 유언장을 작성했지만, 칸트가 죽은 후 람페가 실제로 받은 돈은 해마다 40탈러[1굴덴은 2/3탈러] 뿐이었다.

역시 칸트다웠고 칸트는 그런 사람이었다. 칸트는 쾨닉스베르크에서 태어나 평생을 그곳에서 반경 50km를 벗어나지 않고 하루하루를 정해진 일과에 따라 생활하며 연구에만 몰두한 사람이다. 그러면서 플라톤과 아리스토텔레스가 완성한 그리스 철학을 유럽에 맞게 근대화시켰다. 그것이 순수이성에 대한 치밀한 분석과 날카로운 비판이었다.

칸트 철학 하면 대표하는 용어들이 있는데 그중 하나가 바로 '정언명령'이다. 얼핏 들으면 정해진 말에 따른 명령으로 들린다. 맞다. 말로써 정해진, 다시 말하면 하나의 법칙으로 규명된 명령이란 것이다. 독일어로는 'kategorischer Imperativ'라고 하는데 정언에 해당하는 카테고리라는 말을 생각하면 이해가 빠르고 쉽다. 우리는 카테고리를 범주라는 말로 잘 알고 있는데, 범주는 여러 가지 기준과 과정을 거쳐 그 안에 들어갈 것만 골라놓은 것이다. 우리는 '범주적'이란 말을 일상어로 잘 사용하지 않지만, 독일에서는 이 말을 언론에서 자주 사용한다. 예를 들어 'kategorischer Absage'라고 하면 딱 잘라 거절했다는 의미이다.

우리 시대의 논객 유시민은 어느 날 방송에 나와 칸트의 정언명령을 "너의 의지의 준칙이 보편적 법칙이 되기를 의욕하라" 하며 칸트적 설명을 했지만 나는 이렇게 해석된다. '법에 따라 살라. 그 법에 대한 잘잘못은 따지지 말고.'

아마도 쇼펜하우어는 이 점에서 칸트와 달리 생각하지 않았나 싶다. 법대로 살라 하고, 법대로 살지만 그렇다고 인간의 행복이 보장되느냐? 바로 이 문제에 대해 쇼펜하우어는 고민했다.

그래서 그는 사물 자체와 현상을 다시 보기 시작했고 그것을 의지와 표상이라고 새롭게 해석했으며, 인간의 행복은 인간 사회의 최고의 도덕 기준에 의해 정해지는 것이 아니라 결국은 자기에게 달려 있다고 결론 내린 것이다. 그러니까 쇼펜하우어는 최고의 정언명령은 사회적 합의에 따라 정해지는 것이 아니라 자기의 의지와 표상, 욕망의 실현과 절제에 따라 달라진다고 선언했고, 인간은 고통이란 바다를 끝내 벗어날 수 없음을 인정했다. 그 바다의 파도와 조류가 때에 따라 조금씩 달라질 뿐.

다시 람페 이야기를 좀 해보자. 람페가 주인인 칸트로부터 해고당했을 때 그 심정이 어떠했을까. 지금으로 말하자면 부당해고일 수도 있는데 그것을 근거로 노동청에 달려

갈 수도 없고. 펠릭스 하이덴라이히는 이런 람페를 부정적으로 그리고 있다. 픽션의 세계인 소설에서는 얼마든지 가능한 일이다. 중요한 것은 람페의 해고 사건이 도덕군자였던 칸트에게 흠집을 남긴 것은 분명하다.

그에 비해 쇼펜하우어는 반려견과 함께 편하게 산책했다. 반려견과 함께 레스토랑이나 카페를 찾아 같이 마주앉아 밥을 먹고 커피를 마셨다. 쇼펜하우어는 '개가 인간보다 낫다'라는 진리를 헤겔이 아닌 반려견 아트만을 통해알게 되었다. 이것이 칸트와 쇼펜하우어의 다른 점이다.

아무리 좋은 공자님 말씀도 알아들을 수 없이 어려우면별 소용이 없다. 어려운 칸트의 철학을 남들의 무시를 받아가며 쉽게 이야기하려 했던 사람, 그가 쇼펜하우어이다. 인간은 무수한 욕망 덩어리이며, 그 욕망은 채워도 채워도채워지지 않기 때문에 모든 인생은 고통인 것이다. 그렇다면 그 고통을 조금이라도 더는 방법은 없단 말인가. 쇼펜하우어는 그것을 우리에게 알려준다.

1부 ─────────────────

이것이 바로 너,
쇼펜하우어

철학이 철학했다
─ 강단에서 뛰쳐나온 철학

나를 둘러싼 철학에 대한 기억을 더듬어본다. 몇 장의 빛바랜 사진처럼 떠오르는 장면들이 있다. 그중 하나가 진학 문제를 놓고 철학과는 가지 말라는 부모의 모습이다. 이유는 아주 명료했다. 밥 굶기 딱 십상이니까. 두 번째 장면은 이렇다. 대학 시절에 교양과목인 《철학 개론》을 수강했지만 나의 철학 수준은 F학점을 겨우 면할 정도였다. 술자리 선배나 동아리 활동을 열심히 하던 친구들로부터 변증법, 헤겔Hegel 철학에서 역사의 변증법적 과정을 해명하는 데 쓰이는 '즉자卽自와 대자적 존재對自的存在'니 마르크스

Marx의 '토대와 상부구조'라는 개념을 접하며 '아! 이런 게 새로운 철학 세계구나' 했다. 그렇게 세월은 흘러 세상은 조금 바뀌어 전두환 군부 독재가 타도되고 민주화가 시작되던 즈음에 나는 독일로 갔다.

내가 다녔던 지겐대학은 여느 독일의 대학과 달리 역사가 깊지 않은 신생 대학이었다. 내가 그 대학을 선택한 이유는 아주 단순한 것이었다. 당시 독일의 대표적 주간뉴스 잡지 《슈피겔》은 자기들 나름대로 분석한 독일대학 순위에 관한 기사를 실었는데, 지겐대학이 인문학 부문에서 상위권에 속했기 때문이다. 그리고 경제적 형편이 넉넉지 못한 나로서는 대도시보다는 소도시 생활이 비용이 적게 들거라는 소박한 생각도 작용했다.

그러나 공부를 마치고 한국에 돌아와 보니 내 생각은 너무 소박하다 못해 무식한 것이 되어버리고 말았다. 사람들이 '독일 어디에서 유학했냐'고 내게 물었을 때 '지겐대학이요'라고 대답하면 '지겐'이라는 도시를 알지 못할뿐더러 서울이나 대도시 소재 대학을 일류대학쯤으로 알고 있는 한국 사람들은 독일의 어느 지잡대에서 겨우 공부를 마치고 왔구나 하는 정도로 인식했기 때문이다. 그러고 보니 그때나 지금이나 나의 경제적 관념이나 출세에 관한 속셈은 참 한심한 수준이었다.

독일은 1970년대 말 교육제도를 전반적으로 개혁하면서 몇 개의 대학을 새로 만들었다. 도시 주변의 칼리지를 통합해서 종합대학으로 만든 경우도 그 하나였는데 지겐 대학이 바로 그런 대학이었다. 나의 소속은 제3 단과대학으로, 여기에는 신학을 비롯하여 철학, 영문학, 불문학, 독문학, 언어학, 매체학과가 속해 있었다. 그런데 그 학부를 일반적으로 철학부라 불렀으며 학과가 어떻든지 간에 졸업생에게는 석사 내지는 철학박사라는 학위를 수여했다.

우리는 어떠한가? 반드시 철학과에서 학위를 받아야 철학박사이고 문학을 전공하면 문학박사, 언어학을 전공하면 언어학박사라는 타이틀을 받는다. 그러니까 우리의 철학은 전체의 인문학 속에서 하나의 학문 분야이고 나름 매우 특화되어 있다. 반면에 독일의 철학은 인문학 전체를 포괄적으로 감싸고 있는 학문이었고 지금도 그렇다.

나는 철학의 어원인 'philosophie'에 대해 이렇다 저렇다 말하고 싶지 않다. 내가 궁금했던 것은 유럽의 philosophie는 우리에게 와서 어떻게 철학이 되었는가였다. 그 궁금증을 풀어내기까진 제법 많은 세월이 걸렸다. 그리고 마침내 풀렸다. 내 예상이 크게 벗어나지 않았다.

우리는 적지 않은 세월 동안 나라 밖의 지식을 직구하지 못하고 구매대행을 거쳐 얻었다. 그것에서 벗어난 것은 일제 강점기로부터 해방이 되어, 아니 그 뒤로도 적지 않은 세월이 지나고 나서야 가능해졌다. 이로 인해 나라 밖 지식을 들여오는 과정에서 원형의 변질과 독과점과 같은 폐단이 생겨났고 그에 따른 불편함과 어려움, 그리고 혼돈은 아직 가시지 않았다. 지금도 쓸데없는 어려움이 다 해소되었다고 볼 수 없다.

일본이 메이지 유신 시절에 열심히 유럽의 문물을 받아들이던 때 네덜란드에서 유학한 니시 아마네西周(1829-1897)란 사람이 있었는데, 그가 philosophie를 처음으로 희철학希哲學이라 번역하였다. '슬기로움을 바라는 학문'이라는 뜻이니 나름으로 원어에 충실한 번역이었다. 하지만 《백학연

환百學連環》*이라는 책에서부터 앞의 '희'가 사라져 철학이

되고, 그 말이 중국을 비롯한 동아시아 지역에 전해져 오늘

날까지 사용되고 있다. 그렇게 'philo'라는 '희'가 빠짐으로

써 사람들은 철학을 사랑하고 호의를 갖기 어렵게 되었으

며 그저 슬기로움을 배우는 학문 그 자체가 되고 말았다.

여기에서 니체Nietzsche의《비극의 탄생》처럼 우리에게

서양철학은 비극으로 탄생했다. 그래서 철학은 철학을 전

공한 사람만이 철학 한다고 머리를 주억거리는 학문이 되

었고, 보통 사람에겐 알아들을 수 없는 말을 하는 학문으

백학연환

우리가 '백과사전'이라고 번역하는 'encyclopedia'를 니시 아마네는 '백학연
환'이라고 번역했다. 그리고 이 책에 우리가 현재 알고 있는 서양의 학술용
어 대부분이 실려있다. 야마모토 다카미쓰는《그 많은 개념어는 누가 만들었
을까》라는 저술을 통해 150여 년 전(1870∼1871년경) 어마어마하게 쏟아져
들어온 서양의 학술용어를 어떻게 '개념화'하고 일본어로 '번역'했는지 찬찬
히 그리고 집요하게 좇는다. 무엇보다 저자의 접근 방식이 흥미롭다. 니시 아
마네가 '술(術)'을 '아트(art)'로 번역하게 된 라틴어의 기원을《웹스터 영어사
전》에서 찾아내고, 그 웹스터 사전 판본까지 찾아 꼬리에 꼬리를 물며 추적
해 간다.

로 멀어져갔다. 그리고 우리의 부모 세대뿐 아니라 교양과목으로 철학 강의를 들었던 학생 대부분을 먹고 사는 일과는 너무 거리가 먼 딴 세상으로 끌고 갔다.

내가 사는 이곳은 참으로 신기한 신도시다. 어찌 보면 구약시대에 이루지 못한 바벨탑의 꿈이 한국의 여러 곳에서 쉽게 이루어지고 있다는 생각이 들 정도이다. 이런 곳에 살면서 한 가지 좋은 점은 대형 도서관이 있다는 것이다. 교육부와 문체부 앞에 자리한 국립세종도서관은 커다란 책을 펼쳐놓은 외관을 하고 있으며 내부도 만만치 않게 크다.

나는 그곳에 들어설 때마다 고맙다. 내가 이렇게 큰 서재를 사용할 수 있다는 마음에 항상 뿌듯하고 기쁘다. 이르건 늦은 시간이건 웬만하면 자리를 잡을 수 있고 내가 필요로 하는 책들은 거의 다 찾아볼 수 있다.

도서관을 찾는 사람들의 연령대도 아이들부터 노년층까지 다양하다. 말 죽은 데 체 장수 들여다보듯 그들이 보는 책을 자세히 살피진 않았지만 저마다 나이 때에 맞는 책들을 보고 있다.

그런데 특별한 점 하나를 발견했다. 젊은 세대들이 취업 관련 책이나 동영상을 보며 공부하는 것은 이상하지 않은데 어느 정도 나이 든 사람들이 철학에 관련된 책을 펼쳐 들고 있는 것이었다. 그 순간 플라톤Platon의 이데아idea가, 칸트Kant의 순수이성이, 알 수 없는 주문처럼 들리던 철학이 이제야 강단에서 뛰쳐 내려와 울타리를 넘어 평범한 사람들에게도 온 느낌이 들었다.

도서관은 이제 책만 빌려주고 받는 공간이 아니라 창조적 공간이다. 마르크스가 런던으로 망명해 그 유명한 《자본론Das Kapital》이란 대작을 써낸 공간도 대영도서관이었다. 내가 자주 찾는 이곳의 도서관도 그런 역할을 다분히 하고 있다.

올해 초 도서관이 기획한 프로그램이 〈쇼펜하우어, 인생을 어떻게 살아야 하나?〉였다. 쇼펜하우어… 염세주의자, 허무주의자, 비관주의자, 의지와 표상. 그는 독일의 강단과 주류철학에서 배제되어 홀로 세계가 무엇이고 그 안에서 인간은 왜 살아야 하는가에 대한 정확한 근거를 찾아 헤맸던 철학자이다. 그가 우리 곁에 왔다. 먹고 사는 일과는 전혀 상관이 없다던, 철학계에서조차 주변인으로 떠돌던 그가 디지털 시대에 우리 곁으로 돌아온 것이다.

서양철학사 가운데 중요한 철학자 몇 명을 꼽으라면 단연 플라톤이 으뜸이고 다음엔 시대를 성큼 뛰어넘어 데카르트Descartes, 스피노자Spinoza를 들 것이다. 이어서 모든 철학을 한꺼번에 흡수하여 재정립해서 다시 쏟아놓은 칸트, 그를 뛰어넘고자 무진 애를 썼던 쇼펜하우어, 그리고 쇼펜하우어의 실패를 극복하고자 또다시 무모한 도전장 내밀었던 니체 정도일 것이다.

플라톤을 제외한 나머지 철학자들은 모두 그리스도 이후, 즉 A.D(Anno Domini) 이후의 사람들이며 그리스도교의 세례를 받고 그리스도교의 전통과 관습의 세계 속에서 살았으나 그 세계의 부조리함에서 벗어나고자 했다. 그나마 데카르트와 칸트는 실체의 규명이라는 명목 아래 신의 존재를 부정하지 못하고 실체나 신의 존재는 우리가 인식할 수 없는 세계 밖에 있는 것이라 하여 플라톤의 이데아의 그늘 밑을 벗어나지 못했다.

유대인 사회에서 파문당한 스피노자는 내친김에 플라톤

이 드리운 장막을 살짝 걷어내 그리스도교 바깥 세계로 나가고자 했으며, 쇼펜하우어는 아예 그 장막을 찢어버리고 말았다. 스피노자의 범신론Pantheismus에는 여전히 유신론Theismus이 있으나 쇼펜하우어에 이르러서야 'Theismus'라는 말 대신에 '아무것도 없음'이라는 'Nihil'이 자리를 잡게 되었다. 그러나 '니힐'에는 아예 아무것도 없는 것이 아니다. '아무것도 없음'이 자리하고 있는 것, 그것이 '니힐리즘'이다. 이 두 사람이 온통 하느님의 은총과 사랑이 가득 찬 세계에서 미움과 비난을 받은 것은 그들의 선택에 따른 당연한 결과였다. 그나마 종교재판과 같은 혹독한 박해를 받지 않은 것만으로도 다행으로 여겼을 것이다.

그 덕에 두 사람은 철학계의 주류에서 밀려나고 세간 사람들에겐 그저 이상하고 괴팍한 철학자가 되고 말았다. 그나마 스피노자는 유리알을 갈아 렌즈를 만들어 생계를 유지하면서 1675년에 대표 저서 《에티카Ethica》를 세상에 내놨고, 쇼펜하우어는 평생 이렇다 할만한 직업 없는 백수였지만 칸트의 뒤를 이어 또 다른 코페르니쿠스적 전환을 시도했다.

그런데 디지털 시대에 이 두 사람이 역주행하여 우리 곁에 나타났다. 특히 쇼펜하우어가 그렇다. 이런 현상의 원인을 여러 가지 면에서 찾아볼 수 있으나 여기서 그것을 꼼꼼히 따져보는 것은 그리 중요하지 않다. 혹시 사람들은 인생을 행복하게 사는 방법을 그가 제시하고 있으니 당연한 거 아니겠냐 하겠지만 전혀 그렇지 않다. 쇼펜하우어는 행복보다 불행을, 풍요와 향유보다는 빈곤과 고통을 더 무겁게 받아들였다.

그는 어떻게 행복하게 살 것인가가 아니라 어떻게 하면 행복하게 살 것인가라는 바로 그 생각에서 빠져나올 궁리를 골똘히 한 사람이다. 그의 말대로라면 인생의 본질은 고통인데 사람들 대부분이 그 본질을 인식하지 못하고 그저 행복만 바라고 있으니 더 불행해진다는 것이다. 쇼펜하우어는 고통의 무게를 어떻게 하면 조금이라도 덜 수 있는가를 고민했다.

사십 대의 나이를 불혹이라고 하는데 불혹의 나이가 되어도 여전히 유혹의 굴레를 벗어나지 못하는 것, 지천명의 나이가 되어도 하늘의 뜻을 깨닫지 못하는 것, 이순이 되어도 귀는 더 예민해지는 것, 바로 그것이 쇼펜하우어가 진단 내린 불행의 원인이다.

삐딱한
철학자

    21세기 프랑스의 논쟁적 작가 미셸 우엘벡Michel Houellebecq
은 《쇼펜하우어를 마주하며》에서 "쇼펜하우어를 마주하
고 단 몇 분 만에 모든 것이 균형을 잃고 흔들렸다"고 고백
한다.

    파리 7구의 시립 도서관(더 정확하게는 라투르-모부르Latour-
Maubourg 지구에 있는 별관)에서 쇼펜하우어의 《인생론》을 빌
렸을 당시 내 나이는 스물여섯, 아니면 스물다섯이나 스
물일곱쯤 됐을 것이다. (…) 2주를 찾아 헤맨 끝에 생 미셸

Saint-Michel 거리에 위치한 프랑스대학출판 서점의 한 책꽂이에서 《의지와 표상으로서의 세계》를 손에 넣는 데 성공했다. 당시에는 오로지 헌책으로만 구할 수 있었다. (나는 이러한 사실에 충격과 경악을 금치 못했으며, 실제로 이 놀란 마음을 수십 명에게 알려야만 했다. 나름대로 유럽의 중요한 수도 중 한 곳인 파리인데, 세상에서 가장 중요한 책을 다시 찍어내지 않았다니!)

니체까지만 알고 있었던 미셸 우엘벡은 니체의 철학이 부도덕하고 추해 보였으나 니체의 지적 능력에 압도당하고 말아 그의 사상에서 벗어날 수 없었다. 그러나 파리에서도 쉽지 않게 쇼펜하우어를 접하고 나서는 가여운 니체를 원망할 마음도 없어지고 재수 없게도 쇼펜하우어보다 늦게 태어나 바그너Wagner와 동시대를 산 니체를 오히려 측은하게 생각했다. 나중에 우엘벡은 다시 쇼펜하우어를 버리고 오귀스트 콩트Comte를 따라 철저한 실증주의자가 되지만 쇼펜하우어만큼 글의 첫머리부터 쾌적하고 편안한 독서를 가능하게 해주는 철학자는 한 명도 없었다고 말한다. 그 이유는 작가인 우엘벡의 입장에서 볼 때 쇼펜하

쇼펜하우어

우어는 내면의 정직함과 성실함, 올바름을 지닌 사람이며 무뚝뚝하고 선량하지만 고상한 척하면서도 억지로 미려한 문장을 쓰지 않았기 때문이다.

구글에서 쇼펜하우어의 사진을 검색하면 자료가 그리 많지 않다. 노년의 쇼펜하우어 모습은 양쪽으로 삐죽하게 뻗은 백발, 턱수염보다는 덥수룩한 구레나룻 수염으로 인해 인자함보다는 매우 까탈스러운 인상이다. 내친김에 쇼펜하우어란 이름의 말뜻을 살펴보니 술잔이나 물잔을 뜻하는 '쇼펜Schoppen'이란 용기를 두들겨 만드는 '하우어

Hauer', 즉 대장장이이다. 당시 유럽의 철학을 이성과 합리성으로 단단하게 굳어진 고정 관념이라 보고, 이를 망치로 마구 두들겨 《의지와 표상으로서의 세계》를 써낸 철학자에게 썩 어울리는 이름이다. 그는 세계의 본질이자 만물을 존재하게 하는 힘은 이성이 아니라 '의지'이고 우리가 감지하는 이 모든 것은 '표상Vorstellung'이라며 반합리주의 철학의 기치를 내건다. 니체가 쇼펜하우어의 뒤를 이어 나머지 것마저 깨고자 스스로 망치를 든 철학자라고 말한 것은 우연이라고 할 수 없다.

프랑크푸르트의 공원묘지에는 화강암으로 만들어진 묘지석 하나가 덩그러니 놓여 있다. 그 묘지석에는 생몰의 날짜도 아무런 비문도 없이 이름만 새겨져 있다. 아르투어 쇼펜하우어. 그는 자신의 묘지석에 이름 말고는 어떠한 말도 넣지 않기를 바랐다. 오직 그가 남겨놓은 저작 속에서 자신이 기억되기만을 소망했다. 그러나 그러기까지는 많은 세월이 흘러야 했다.

1788년에 태어나 1860년에 세상을 떠난 쇼펜하우어. 그는 폴란드의 그단스크(독일어로는 '단치히'라고 한다)에서 출생했다. 그단스크는 르네상스 시대에 발트해 연안에서 가장 번창한 무역항이었다. 18세기 후반 프로이센에 합병되어 독일 땅이 되었고 자유도시란 특권을 누리다가 독일과 오스트리아, 러시아와의 각축 사이에서 흥망성쇠를 겪은 도시이다. 히틀러는 폴란드에 귀속된 그단스크의 독일 편입을 빌미로 폴란드 침공을 감행하여 2차 대전을 일으킨다. 이 역사는 노벨 문학상 작가 귄터 그라스Günter Wilhelm Grass가 쓴 《양철북》에 우체국 전투장면으로 자세히 묘사돼 있다.

쇼펜하우어는 태어나서 죽기까지 고향인 그단스크 말고도 함부르크, 고타, 바이마르, 괴팅엔, 베를린, 드레스덴, 만하임, 뮌헨 등지로 학업과 직업, 요양을 이유로 거주지를 옮겨 다녔다. 그뿐만 아니라 재력이 풍부했던 아버지 덕에 열 살도 안 되어 프랑스에 2년간 체류하며 프랑스어를 배웠는가 하면, 김나지움에 진학하는 대신 **그랑 투어***를 다녀오기도 했다. 그는 성인이 되어서도 이탈리아를 장기간 여행하는 등 세상을 많이 떠돌아다녔다. 이런 점에서는 태어나서 죽을 때까지 쾨닉스베르크를 떠난 적이 없었던 칸갑하고 고지식한, 그러나 근엄한 칸트와 많이 비교된다.

그가 살았던 시대는 유럽의 격동기였다. 1789년 프랑스 혁명을 시작으로 유럽은 왕정체제가 무너지고 산업혁명과 함께 정치적 근대화가 시작되었다. 그리고 혁명이 지지부진한 때 나폴레옹의 등장으로 유럽은 전쟁의 포화에 휩싸이고 재편의 길을 걸었다. 통일 국가를 이루지 못한 독일은 프로이센을 중심으로 민족주의가 싹트기 시작했고, 칸트가 완성한 관념론은 헤겔의 '절대정신'으로 승화

그랑 투어Grand Tour
'그랑 투어'는 주로 유럽을 장기간 여행하는 것을 말한다. 이 말은 17~18세기 유럽 상류층이 문화적 관심과 인식을 확장하기 위해 유럽을 여행하는 귀족과 젊은 상류층을 지칭하는 데 사용되었다. 이러한 여행은 종종 문화적, 예술적, 역사적 명소를 둘러보고 교육을 받는 목적으로 진행되었다. 프랑스의 파리, 이탈리아의 로마와 피렌체, 그리스의 아테네 등과 같은 유럽의 주요 도시와 유명한 유적지를 방문하는 것이 일반적이었다.
또한, 젊은 상류층은 그랑 투어를 다양한 경험과 풍부한 지식을 쌓는 기회로 여겼다. 이 여행은 언어, 문학, 예술, 철학 등 다양한 주제에 대한 이해를 깊이 있게 확장하는 데 기여했다.

되었다. 쇼펜하우어는 이러한 상황에 대해 "오직 독일에서만 통용되는 그 가면은 피히테Fichte에 의해 도입되어 셸링Schelling에 의해 완성되었으며, 마침내 헤겔에 의해 최고 정점에 도달했다"라고 꼬집는다.

쇼펜하우어의 삶에서 첫 번째 전환점은 아버지의 죽음이었다. 그가 열일곱 살 때 자살로 추정되는 아버지의 죽음은 집안의 중심이 어머니에게로 옮겨가는 사건이 되었다. 사업을 하던 아버지가 죽자 아버지와 나이 차가 많고 성격이 자유분방했던 어머니는 헤르더Herder, 괴테Goethe, 실러Schiller가 모여 문화의 꽃을 피우던 바이마르로 이주했다. 어머니는 그곳에서 문학 살롱을 열고 쇼펜하우어만 혼자 함부르크에 남는다.

그러나 아버지의 뒤를 이은 상인 생활은 쇼펜하우어의 적성에 맞지 않았다. 날이 갈수록 그의 우울증은 심해졌고 하루하루가 힘들었다. 그는 1년 만에 직장을 그만두고 고타의 김나지움에 입학한다. 하지만 학교 선생과의 충돌로 인해 김나지움을 자퇴한다. 어머니의 권유로 바이마르의 김나지움을 졸업하고 괴팅엔의과대학에 진학하지만, 어머니 덕분에 바이마르에서 괴테를 만날 수 있었던 것은 쇼펜하우어의 인생에 또 다른 계기가 되었다. 쇼펜하우어는 아버지의 유산으로 사치스러운 생활과 자유로운 연애를 즐기던 어머니를 싫어했으며 1814년 어머니와 크게 싸운 후 다시는 어머니를 만나지 않았다.

김나지움을 졸업한 쇼펜하우어가 처음 입학한 대학은 괴팅엔의과대학이었다. 그러나 쇼펜하우어의 몸physic에 대한 관심은 정신metaphysic으로 옮겨가고 결국 에른스트 슐체 교수의 플라톤과 칸트를 연구해보라는 조언에 따라 철학을 공부하기로 한다. 그가 남겨놓은 노트의 다음 글은 쇼펜하우어의 관심이 의학에서 철학으로 기울었음을 알 수 있다.

철학은 알프스의 산길이고, 그 가파른 산길에는 돌멩이들과 가시나무들이 가득하다. 그 산길을 더 높이 올라가는 사람일수록 더 고독해지고 쓸쓸해진다. 그러나 그 산길을 오르는 사람은 일절 두려움을 몰라야 한다. 그는 모든 것을 자신의 뒤에 남겨두고 떠나야 한다. 그는 마침내 빙하

마저 통과해야 한다. 그 산길은 이따금 천 길 벼랑의 가장 자리로 이어질 것이고, 그는 그 벼랑길 아래 도사린 짙푸른 계곡을 내려다볼 수도 있을 것이다. 아찔한 현기증은 그를 압도하고 걸음을 돌려 산길을 다시 내려가라고 그를 윽박 지르겠지만, 그는 현기증을 거부하고 억눌러야 한다. 그러 면 얼마 지나지 않아 세계가 그의 발아래 아득하게 펼쳐지 고 세계의 황무지들과 수렁들은 그의 시야에서 사라지며 세계의 요철凹凸들은 평평해지고 세계의 불협화음들은 잠 잠해지며 세계의 구면球面은 확연해진다. 그때 저 아래의 모든 것은 아직 밤의 어둠에 잠겼어도 그 등정자는 신선한 공기 속에 우뚝 서서 태양을 바라볼 수 있다.

먹고사는 데 지장이 없었을 의사의 길을 포기하고 험난 한 철학자의 길을 선택한 그의 다짐이 가득 담겨있는 글 이다.

이를 알게 된 어머니는 당시 독일 문학계의 거장 빌란트 Wieland에게 쇼펜하우어가 철학 공부를 못하게 설득할 것을 부탁하지만, 팔순을 바라보는 대가 빌란트는 정작 23 살의 젊은 쇼펜하우어의 진지함에 감명을 받아 오히려 그를 격려해준다. 쇼펜하우어는 대학을 베를린대학으로 옮겨 본격적으로 철학을 공부한다. 그는 철학뿐만 아니라 물리학, 천문학, 일반생리학 등 자연과학과 아리스토파네스Aristophanes, 호라티우스Horatius를 열심히 파고들었다.

괴팅엔에서 의학을 공부하던 쇼펜하우어를 베를린으로 끌어들인 것은 피히테의 명성 때문이었다. 그곳에서 쇼펜하우어는 피히테, 슐라이어마허Schleiermacher는 물론 셸링에게도 배웠으나 회의를 품게 된다. 특히 피히테의 강의에서 철학의 핵심을 발견하리라 기대했지만, 쇼펜하우어가 미리 마신 김칫국 같았던 피히테에 대한 존경심은 금세 경멸감과 비웃음으로 변하고 만다. 피히테의 신비주의적 궤변과 거만하고 상투적인 강의는 명쾌한 논리를 기대했던 쇼펜하우어에게 반발심만 일으켰다. 쇼펜하우어는 노트에 피히테의 학문론Wissenschaftlehre이란 강의 제목을 써놓고 이렇게 지적했다. 그의 강의 내용은 "어쩌면 학문의 공허함Wissenschaftleere이 더 정확한 제목일 것이다." 쇼펜하우어는 독일어 lehre(가르침, ~론)와 leere(텅 빔, 공허함)이란 동음이의어를 이용해 피히테를 조롱했다.

쇼펜하우어가 생각하기에 피히테의 철학적 가르침은 헛소리에 불과했던 것이다. 또한 "피히테의 강의가 충분히 명료하고 신중하지만 쉽게 이해될 내용을 너무 장황하게 설명할 뿐만 아니라 똑같은 개념을 다른 낱말들로 반복함으로써 오히려 학생들의 주의력을 떨어뜨리고 분산시킨다"며 그의 강의 방법마저 지적했다. 쇼펜하우어는 피히테의 강의를 비판하는 장문의 글을 노트에 남겼고, 훗날 천재성과 광기를 구분하지 못하는 사회적 분위기와 시대정신에 대해 〈천재론〉으로 발표해 비판한다.

피히테와 슐라이어마허, 셸링이 프로이센 왕국을 절대정신이 완벽하게 실현된 국가라며 찬양하고, 시대정신에 맞지 않는 그리스도교를 정당화하는 주장을 계속하자 쇼펜하우어는 이들을 국가와 종교에 아부하는 사기꾼들이라 비난했다. 당대를 풍미했던 독일 민족주의 찬양 세력에 대해 쇼펜하우어는 〈삶의 지혜를 위한 아포리즘〉이라는 글에서 그들의 민족주의를 신랄하게 비판한다.

세상에서 가장 값싼 종류의 자긍심은 민족적 자긍심이다. 민족적 자긍심에 사로잡힌 사람은 그런 사실로 자랑할 만한 개인적 특성이 부족함을 드러내기 때문이다. 그렇지 않다면 그가 수백만의 사람과 공유하는 것을 굳이 손에 넣으려고 할 턱이 없다. (…) 세상에 무엇 하나 자랑할 만한 게 없는 가련한 멍청이는 자기가 속한 민족을 자랑하는 최후의 수단으로 붙드는 것이다.

쇼펜하우어는 〈충분근거율의 4가지 뿌리에 대하여〉라는 논문으로 예나대학에서 박사학위를 받는다. 이 논문은 인간이 '충분근거율'에 의지해 세상을 인식하는 원리를 담고 있으며, 칸트의 사상을 이어받은 것으로 쇼펜하우어 사상의 기본 원리가 된다. 간단히 말해서 충분한 이유가 없으면 무언가가 일어나지 않는다는, 일관성의 근거를 강조하는 그의 중요한 철학적 원칙이다.

쇼펜하우어는 '존재', '인식', '생성', '행위'라는 네 갈래에서 무언가가 일어나는 충분한 근거를 제시했다. 어떤 일이 일어나려면 이에 따르는 충분한 원인이 존재해야 하고, 일어난 어떤 일에 대한 지식이 충분하다면 그것을 설명할 수 있어야 한다. 인간의 행동도 충분한 근거나 이유에 기반하여 이루어져야 하고, 어떤 행동은 이치에 맞는 이유가 있어야 한다는 것이다. 마지막으로 합리적인 판단은 충분한 논리적 근거가 핵심이며 그 합리성은 충분한 이유에 따라 행동함을 의미한다고 말한다.

이는 쇼펜하우어가 "칸트에게서 절반을 배우고 인도에서 전부를 배웠다"고 말한 것처럼 초기의 쇼펜하우어가 칸트의 영향을 받아 그의 《순수이성비판》을 나름대로 새롭게 해석한 것이라 볼 수 있다.

1813년에 박사학위를 마친 쇼펜하우어는 바이마르로 돌아와 괴테에게 자신의 학위논문을 증정한다. 물론 쇼펜하우어는 어머니에게 먼저 논문을 보여 드렸지만, 어머니는 "네 겹의 뿌리라니! 나는 이게 무슨 약제사들을 위한 책인 줄 알았다"라며 시큰둥했다. 쇼펜하우어의 논문은 괴테에게 흥미를 일으켰다. 괴테는 쇼펜하우어를 가끔 집으로 초대하여 '색채론'에 관한 토론을 한다. 쇼펜하우어는 괴테와의 토론과 자신이 연구한 것을 정리해 2년 후 〈시각과 색

채에 대하여〉라는 논문으로 발표한다.

쇼펜하우어가 30대 초반에 인도와 불교에 깊은 관심을
가진 계기는 바이마르에 머물던 역사학자이자 동양학자
인 **프리드리히 마이어**Friedric Majer*를 만나면서부터다. 마이
어는 인도에 관한 지식을 쇼펜하우어에게 알려주었고, 쇼
펜하우어는 인도와 불교에 깊이 빠져든다.

쇼펜하우어가 바이마르에서 만난 다른 한 사람은 바로
그를 매료시킨 카롤리네 야게만Karoline Jagemann이었다. 그

프리드리히 마이어(Friedrich Majer, 1772–1818)

독일의 철학자이자 동양학자로, 주로 인도 철학과 문화 연구로 알려져 있으
며 동양 철학과 종교에 대해 서양의 관심을 불러일으키는 데 중요한 역할을
했다. 그는 인도의 신화, 철학, 종교에 관한 많은 저서를 남겼다. 그의 연구는
주로 베다Veda, 우파니샤드Upanishad, 인도 고전 문헌에 대한 해석과 설명
에 집중돼 있다. 그는 괴테와 같은 당대의 중요 인물들과 교류하며 그들의 작
품에도 영향을 끼쳤다. 마이어의 연구는 후대의 동양학자들과 철학자들에게
큰 영향을 미쳤고, 동양 철학에 대한 서양의 관심을 지속해서 유지하는 데에
기여했다.

녀는 바이마르 궁정극장의 가수이자 배우였다. 빼어난 미모와 재능으로 많은 사람의 관심을 끌었고 영향력도 막강했다. 바이마르 대공인 칼 아우구스트의 공식적인 애인이었기에 괴테도 그녀를 함부로 대하지 못했으니, 보잘것없는 젊은 철학박사 쇼펜하우어는 겨우 먼발치에서나 그녀를 바라볼 수밖에 없었다. 쇼펜하우어는 훗날 "카롤리네가 길거리를 전전하며 구걸하는 비천한 여자였더라도 나는 그녀와 결혼했을 것"이라고 고백한다.

쇼펜하우어는 바이마르에서 잠시나마 여유로운 시간을 즐기며 안나 아말리아 도서관에서 《우파니샤드》의 라틴어 번역본 《우프넥하트Oupnek'hat》를 접하고 탐구한다. 그러나 어머니와 그녀의 남자 친구와 심한 다툼 끝에 드레스덴으로 떠나고, 그 후로 다시는 어머니를 만나지 않는다. 1814년 봄, 쇼펜하우어는 드레스덴으로 떠나는 심정을 메모로 남긴다.

적당한 체념은 인생이라는 여행에서 가장 중요한 준비사항이다. 체념은 좌절된 희망들에서 가장 먼저 생겨나기 때문에 여행자는 더 빠르게 체념할수록 남은 여정을 더 편안하게 즐길 수 있다.

드레스덴으로 거주지를 옮긴 쇼펜하우어는 1815년부터 자신의 역작 《의지와 표상으로서의 세계》를 구상하고 집필하기 시작한다. 그는 약 3년 만에 이 작품을 완성하여 라이프치히의 유명한 출판업자 아르놀트 브로크하우스에게 보내 1818년 12월에 출판한다. 쇼펜하우어는 자신의 위대한 저작을 세상에 내보내며 이렇게 썼다.

위대하고도 불멸의 작품을 완성한 사람은 누구든지, 정신병원에서는 멀쩡한 정신의 소유자들도 미치광이들로부터 비난받고 공격당할 수 있듯이, 대중에게 수용되는 과정에서 조금이나마 상심할 수도 있을뿐더러 비관자들의 의견을 너무 귀담아들으면 자칫 번민할 수 있으리라.

쇼펜하우어가 예견한 대로 불멸의 작품이자 역사적 의의가 있을 거란 그의 확신과는 달리 이 책에 대한 세상의 반응은 싸늘했다. 쇼펜하우어는 1818년 9월에 원고를 출판사로 보내고 출판사의 교정지를 받기도 전에 탈고를 자축하기 위해 이탈리아로 떠난다.

괴테처럼
이탈리아로

바이마르 공국의 재상으로서 정사政事와 친교에 지친 괴테가 새벽 3시 자신의 생일을 축하해주려고 모인 사람들 몰래 여행 가방 하나와 오소리 가죽 배낭만 달랑 챙겨서 이탈리아로 도망치듯 떠난 때는 1786년 9월 3일이었다. 25살의 나이에 《젊은 베르터의 고뇌Die Leiden des jungen Werthers》로 세계적인 명성을 얻은 괴테가 칼 아우구스트 대공의 초빙을 받아 바이마르로 간 지 10년 만의 일이었다.

괴테의 이탈리아 여행은 번아웃burnout으로 인한 단순한 재충전을 위한 여행이 아니었다. 쇼펜하우어의 말을 빌리면 남은 인생을 즐겁고 편안하게 살기 위한 부와 권력에 대한 체념이었고, 그것이 없었다면 지금의 괴테도 《파우스트》도 없었을 것이다. 괴테의 이탈리아 여행은 그의 삶에 분수령이자 독일 문학의 고전주의를 완성하는 결정적인 사건이었다.

여행은 쇼펜하우어에게도 남다른 의미가 있다. 학업 대신에 했던 짧지 않은 두 번의 여행은 그리스 고전이나 라틴어를 배울 기회를 빼앗겼지만, 체험을 통해 진정한 가르침을 받고 어른으로 거듭나는 기회도 얻었다고 쇼펜하우어는 회상한다. 그는 여행을 통해 사물의 본성과 그 변화에 대한 지식보다 존재의 본질을 배웠다.

여행의 중요성을 잘 알고 있었던 쇼펜하우어는 《의지와 표상으로서의 세계》를 탈고하자마자 괴테처럼 이탈리아로 떠난다. 그는 이탈리아 북부의 피렌체, 베네치아를 여행하면서 미술관과 극장을 자주 방문한다. 쇼펜하우어는 낭만주의 음악의 대가인 로시니Rossini의 오페라를 관람하고 단테Dante의 '무섭게 일그러진 시'가 아닌 페트라르카

Petrarca의 로라와 사랑의 소네트를 즐긴다.

나는 면밀하게 연구되어 짐짓 까다롭게 꾸며지기도 하는 단테의 시어들보다 마음속에서 직접 우러나와 자연스럽게 흐르는 페트라르카의 시어들을 훨씬 편안하게 느낀다. 페트라르카는 내가 여태까지 늘 사랑했고 앞으로도 항상 사랑할 것이다.

염세, 연민, 비관주의자 쇼펜하우어가 따뜻한 인간적 면모를 보여주는 장면이다.

쇼펜하우어는 1818~1819년, 1822~1823년 두 번에 걸쳐 약 2년간 이탈리아를 여행했지만 자세한 흔적을 남겨놓지 않았다. 그는 즐거움과 여유보다는 자신의 철학 세계를 더욱 넓히고 자료를 수집하기 위해 여행을 했다고 훗날 말했을 뿐이다.

베네치아는 쇼펜하우어가 가장 오래 체류한 도시이다. 마침 그때 바이런Byron도 베네치아에 머물고 있었고 쇼펜하우어가 바이런의 열렬한 예찬자였지만 두 사람의 만남은 이루어지지 않았다. 쇼펜하우어는 베네치아에 처음 도 착한 인상을 다음과 같이 남겼다.

자신에게 거의 익숙하지 않은 생활방식과 언어가 통용 되는 완전히 낯선 나라나 도시에 갑자기 들어간 사람은 누 구라도 갑자기 차가운 물에 들어간 사람과 같은 기분을 느 낀다. (…) 더구나 그는 자신의 이목이 모든 것에 사로잡히 는 동시에 모든 타인의 이목이 자신에게 쏠리므로 두려움 을 느낀다. 그가 안정을 되찾고 주위 환경에 익숙해지면서 타인들의 체온을 얼마간 흡수하면, 차가운 물에 들어간 사 람도 그렇듯이, 얼마 지나지 않아 놀랍도록 편안한 기분을 느낀다. (…)

모든 종류의 새로운 것들이 우리를 압박하는 여행길에 서 우리는 마음의 양식을 너무나 빨리 공급받기 때문에 그 것을 소화할 시간이 없다. 그러면서 급변하는 감동들을 영 원히 기억하지 못한다고 아쉬워한다. 그렇기 때문에 현실 속의 이런 여행은 읽은 것의 조금밖에 기억 못 하는 독서와 같다. 그러나 우리가 두 가지 사실을 알면 여행이나 독서에서 많은 도움을 받는데, 그 하나는 읽고 보기 전에 우리의 정신을 잘 기르고 형성하는 것이며, 다른 하나는 머리에 기억된 것을 빨리 비우고 새로운 것으로 채우는 것이다.

1819년 봄 나폴리를 여행하던 쇼펜하우어는 괴테가《의지와 표상으로서의 세계》를 잘 받았다는 인사말을 여동생 아델레로부터 전해 받는다. 그러나 괴테의 쇼펜하우어에 대한 평가는 그저 의례적인 것이었다. 쇼펜하우어는 그런 괴테에 대해 자신의 저서를 꼼꼼히 읽지도 않고 철학에 큰 관심도 없는 늙은 시인으로 치부하고 만다. 나폴리에서 로마로 돌아온 쇼펜하우어는 카페 그레코를 드나들며 카페의 단골 독일인들과 교류하지만, 그의 거친 입담 때문에 결국 그곳에서 따돌림받는다. 그러던 중 어머니가 많은 돈을 투자한 그단스크의 금융회사가 파산했다는 소식을 듣고 급히 독일로 돌아온다.

시건방진 대학 강사
쇼펜하우어

베를린으로 돌아온 쇼펜하우어는 베를린대학에서 강사 직을 얻어 출강한다. 하지만 잘 알려진 대로 당대의 대철학자이자 교수인 헤겔의 강좌와 같은 시간대의 강의 개설을 고집하는 바람에 한 학기 만에 강사직을 그만두고 만다. 이때 쇼펜하우어는 서른두 살이었고, 강단을 떠나 영원한 비주류 철학자의 길로 들어선다. 그것이 강호의 고수 같으면서 삐딱한 철학자인 지금의 쇼펜하우어를 낳게 했다. 그는 철학자들의 저열한 습속과 현학적 관행을 몹시 혐오했다. 쇼펜하우어는 그런 현실을 자신이 가장 싫어했던 '정치에서의 혁명적인 행동방식'으로 극복하려 했지만 실패하고 말았다. 그는 자신의 실패를 인정하며 이렇게 다짐했다.

칸트보다도, 그리고 그가 일깨운 철학에 부응하는 진정한 열정보다도, 조금 더 늦게 등장한 궤변론자들은 미네르바를 날아오르게 할 수 없으니까 처음부터 온갖 잡소리들과 조잡하고 불가사의한 요설들을 지껄이며 당대의 사고력을 탈진시키고 위협하여 철학을 내쫓아버림으로써 철학을 치욕스럽게 전락시켜버린 행패를 부렸다. 그러나 다시 등장할 응징자는 더욱 막강한 사고력으로 무장하여 철학의 모든 명예를 회복시킬 것이다.

쇼펜하우어의 강의실은 갈수록 썰렁했다. 그러나 그는 여기에 굴하지 않고 더욱 신랄한 비판을 쏟아부었다. 베를린대학의 허접함과 허례허식, 조악한 생활환경에 대한 쇼펜하우어의 불만은 점점 커져만 갔다. 하숙집을 전전하며 살던 쇼펜하우어는 이런 와중에 하숙집 주인과 다투게 되어 그녀로부터 고소를 당하게 된다. 5년간의 재판 끝에 쇼펜하우어는 그녀가 죽을 때까지 생계비를 부담하라는 판결을 받는다. 20년 동안 생계비를 부담하던 끝에 그녀가 사망하자 쇼펜하우어는 사망 증명서를 받아들고는 그 여백에 "노파가 사라졌으니 부담도 사라졌다Obit anus, obit onus"라고 라틴어로 갈겨썼다.

1825년 쇼펜하우어는 베를린대학의 강사로 재임용되지만, 강의는 시작조차 못했다. 그런 상황에 절망하고 세상에 대해 경멸감을 키워가던 쇼펜하우어는 점점 더 자신 속으로 침잠해 들어간다.

그나마 쇼펜하우어에게 다행이었던 것은 아버지의 유산 덕분에 일정한 직업이나 수입이 없었음에도 하고 싶은 연구나 여행을 계속할 수 있었다. 그러기에 밥벌이를 위해 강단에 서거나 글을 쓰는 일을 "몽상적인 이론을 퍼트려 대중을 속여먹는 저열한 사기꾼, 대중들의 두뇌를 해치는 삼류 작가, 철저히 무능하고 간사한 대학교수 패거리"라고 비난할 수 있는 여유의 공간과 시간을 갖게 되었다.

강단을 떠난 쇼펜하우어는 다시 자기 세계에 몰입한다.

쇼펜하우어가 자필로 쓴 자신의 강의 안내문

이탈리아로 여행을 떠나 밀라노, 피렌체, 베네치아를 다니며 이탈리아의 문화, 예술, 환경을 경험하고 이미 섭렵했던 그리스어, 라틴어, 프랑스어, 영어, 이탈리아어 외에 스페인어를 공부한다. 잘츠캄머구트, 가슈타인, 만하임, 드레스덴과 같은 독일 지역을 돌아다니고 여배우 카롤리네 리히터와 연애를 한다. 그는 질병과 청각장애를 겪으면서 고독하고 우울한 나날을 보내기도 한다. 그러나 그는 자신이 대중과 다르다는 사실을 이미 알고 있었다. 높아지는 존재감으로 고독해지기 시작한 것이다. 그리고 그는 이렇게 다짐한다.

《의지와 표상으로서의 세계》 초판본

시련은 천재성을 발휘시키는 필요조건이다. 만약 셰익스피어, 괴테, 플라톤, 칸트가 자신을 둘러싼 현실 세계에 만족하고 안주했다면, 편안하고 안락했다면, 자신들의 욕망을 충족할 수 있었다면, 과연 셰익스피어와 괴테가 문학을 하고, 플라톤이 철학을 하고, 칸트가 순수이성을 비판했겠는가?

1831년 베를린에 콜레라가 창궐하자 쇼펜하우어는 프랑크푸르트로 피신한다. 베를린을 떠나지 않았던 헤겔은 콜레라로 인해 사망했다. 이는 토마스 만Thomas Mann의 소설 《베네치아에서의 죽음》에 나오는 주인공 아셴바하가 미소년 타치오에 대한 연민 때문에 콜레라가 엄습한 베네치아를 떠나지 못하고 죽음을 맞이한 장면과 겹쳐진다. 헤겔이 역사철학의 수레바퀴와 같은 절대정신을 고수하기 위해 베를린이란 성을 떠나지 않았다면, 아셴바하는 타치오로 상징되는 미적 감성의 세계인 표상을 영원히 간직하기 위해 베네치아를 떠나지 못했다는 점이 다를 뿐이다.

프랑크푸르트에 정착한 쇼펜하우어는 평생을 그곳에서 거주한다. 그는 오직 연구에만 몰두하며 은둔자처럼 살았다. 그 덕에 프랑크푸르트의 괴짜, 현대의 고행수도자, 프랑크푸르트의 염세주의자란 별명을 얻었다. 그는 반려견 푸들을 데리고 혼잣말을 하며 일정한 시간에 산책하여 동네 사람들의 구경거리가 되기도 했다.

빌헬름 부쉬가 그린 쇼펜하우어와 반려견 아트만

쇼펜하우어는 반려견의 이름을 처음엔 헤겔이라고 지어 헤겔의 조롱 상대로 삼았으나 후에 "나는 사람보다 개를 더 좋아한다"고 말했듯 반려견의 이름을 우파니샤드에서 절대 변치 않는 초월적 자아를 뜻하는 아트만Ätman으로 바꾸었다. 그리고 날마다 반려견을 당글르테르 호텔로 데리고 가 앞자리에 앉히고 점심밥을 같이 먹었다.

쇼펜하우어는 재산을 매우 조심스럽게 관리했기 때문에

그가 세상을 떠나기 전의 재산은 거의 두 배로 불어났다. 그는 탐욕보다 사치를 더 큰 죄악으로 여겼지만 지독한 구두쇠는 아니었다.

쇼펜하우어는 칸트 이상으로 규칙적이며 금욕적인 생활을 했다. 오전에는 집필하고, 당글르테르 호텔에서 점심을 먹은 후 집에 돌아오면 커피를 마시고 낮잠을 잤다. 오후에는 가벼운 독서를 하고 해 질 녘이면 날씨와 상관없이 칸트가 집사 람페와 함께 산책을 나갔듯이 쇼펜하우어도 반려견 아트만과 함께 산책을 나갔다. 그는 비교적 빠른 걸음으로 산책을 했는데, 그 이유를 아리스토텔레스의 "삶은 움직임으로 이루어진다"라는 말로 대신했다. 쇼펜하우어는 앉아서 일하는 사람은 산책이 무엇보다 중요하다고 강조했다.

쇼펜하우어는 프랑크푸르트에서 〈의지의 자유에 대하여〉, 〈도덕의 기초에 대하여〉와 같은 논문을 쓰는 것 말고는 조용한 일상을 보낸다. 그러나 그가 쉰일곱이 되던 해에 집필을 시작한 《소품과 부록》이 5년 만에 완성되자 그의 철학이 일반 대중에 소개되고 유명인사로 떠오른다.

이 책으로 인하여 그동안 묻혀 있었던 그의 주저《의지와 표상으로서의 세계》가 새삼 대중의 주목을 받는다. 이를 계기로 프랑크푸르트의 이상한 노인 쇼펜하우어는 칸트 이후 또 다른 코페르니쿠스적 전환을 시도한 철학자로 떠오른다. 그런 그가 관념의 늪에 빠져 헤매고 있던 철학을 현실의 문제를 성찰하고 해결하는 방법으로 저잣거리에 데려온 것이다.

염세주의자는 정말로
세상을 싫어했나?

　염세주의자란 세상을 싫어하는 사람이다. 아침해가 찬란하게 떠오르고 만물이 생동하는 아름다운 이 세상이 싫다고 하면 정상적인 사고방식이나 가치관을 갖지 못하고 매사가 부정적이고 불만으로 가득 찬 까칠한 성격의 소유자로 생각할 것이다. 쇼펜하우어는 염세주의자의 대표적 인물이며 그의 정신과 인생이 사실 보통 사람들과는 결이 다르고 특이해서 '그럴만했겠다'라고 인정한다.

　그러나 쇼펜하우어는 정말 세상을 싫어했을까? 세상을 싫어했으면 세상과 사람에 대한 관심과 연구를 왜 평생토록 손에서 놓지 않았던 것일까? 염세주의는 Pessimismus를 한자어로 옮겨놓은 것인데 여기서 'pessi'는 '나쁘다'란 뜻의 라틴어 malus의 최상급인 가장 나쁜, 최악을 의미한다.

삶에서 긍정적인 기대나 희망을 바라지 않는다고 하여 비관주의라고도 한다. 페시미즘의 반대 개념인 옵티미즘 Optimism을 세상을 좋아한다는 뜻의 호세주의라 하지 않고 낙관주의라 하듯이 페시미즘도 원어 그 자체를 쓰거나 비관주의라고 말하는 것이 더 옳다고 본다.

쇼펜하우어는 그래도 세상은 살 만한 곳이라는 막연한 생각을 버리고 삶이 만만치 않으니 그만큼 세상과 그 안에 존재하는 나를 제대로 꿰뚫어 보지 못하면 인간은 평생 삶의 무게를 벗어버리지 못하고 고통 속에서 불행하게 살 수밖에 없음을 경고한다. 이 말은 자기 밖의 세상만 바라보고 살 것이 아니라 자기의 내면의 세계를 먼저 성찰해야 한다는 것이다.

서양철학사를 살펴보면 시대 흐름에 따라 특징을 묶을 수 있다. 소크라테스 이전의 자연철학, 그리고 소크라테스, 플라톤과 아리스토텔레스가 이루어 놓은 그리스 철학, 그리스의 멸망과 로마제국의 출현으로 시작된 스콜라학파, 스토아철학, 교부철학이 중세를 장식했다. 근대에 이르러 데카르트가 촉발시킨 이성 중심의 근대철학은 합리론과 경험론으로 갈라졌다. 이것을 칸트가 순수이성 비판으로 완성했다.

그러나 여기에서 철학의 근본적인 실체의 문제가 해결된 것은 아니었다. 칸트는 플라톤의 '이데아Idea'의 세계를 사물 자체로 바꾸어 놓으며 인간의 능력으로는 인식할 수 없다고 결론 내렸지만 이로 인해 인간의 현실적 삶이 모두 해결되지 않았다. 플라톤이 말한 '이데아'는 이제 '이데아'이면서 사물 자체이기도 했고 때로는 이상으로, 때로는 이데올로기, 관념주의로 바뀌고 말았다.

우리는 이데아, 이상, 이념, 관념에 대해 자주 혼동을 일으킨다. 그런데 칸트 이후의 철학자에게 중요한 변화가 하나 일어났다. 그것은 '세상은 과연 살만한 곳인가? 아니면 그렇지 않은가?'이다.

그리스도교가 지배한 중세의 사람들은 신이 완벽하게

창조한 세상이 오로지 아담과 이브가 지은 원죄 때문에 살기가 어려울 뿐, 그래서 그 원죄를 털어내기 위해서는 열심히 기도하며 회개하는 방법밖에 없다는 마음으로 살았다. 그러나 인간 세계의 고통은 더욱 가중될 뿐 줄어들지 않았다. 더구나 칸트는 인간은 사물 자체가 일으키는 현상계만 인식할 뿐이지 사물 자체와 현상계가 일치할 수 없음을 인정했다.

이것을 신의 존재에 적용하면 인간은 신이란 사물 자체를 인식할 수 없고 사물 자체가 촉발시키는 것만 현상으로 인식한다는 것이다. 바꾸어 말하면 신에 대한 인식은 불가능하고 '신이 있다'라는 믿음만 가능하다는 것이다.

칸트나 쇼펜하우어가 주장한 '존재의 근거율'로도 신의 존재는 설명되지 않는다. 왜냐면 모든 존재의 충분한 근거는 시간과 공간이 전제되어야 하는데, 신은 그것을 초월해 있기 때문이다. 이러한 자가당착에서 벗어나고자 쇼펜하우어는 인간의 삶의 문제에서 신을 제외해 버렸다고 할 수 있다. 그는 신이 없는 인간들만의 세계를 바라보고자 했다. 그러니 신이 만들어 놓았다는 최적의 낙관적 조건은 모두 제외되고 만 것이다.

쇼펜하우어의 중요한 사상은 《의지와 표상으로서의 세계》에 모두 담겨 있다. 1818년 그가 서른 살이 되던 해에 발표된 이 책은 독특한 철학적 아이디어와 새로운 관점으로 주목을 받았다. 많은 철학자가 쇼펜하우어의 철학적 깊이와 통찰력에 대해 인정했고, 세계를 의지와 표상으로 이해한 그의 사상을 새로운 것으로 여겼다.

그러나 부정적인 반응도 적지 않았다. 쇼펜하우어는 당대에 철학계의 주류이던 헤겔의 관념주의와 날카롭게 각을 세웠으며 비난에 가까운 논쟁은 그 후에도 계속되었다.

"모든 것이 성과를 인정받으려면 오랜 시간이 필요"했듯이 시간이 흐름에 따라 쇼펜하우어의 철학은 널리 인정받으면서 점차 영향력도 커졌다. 특히 19세기 후반과 20세기 중반에 유럽의 철학계는 쇼펜하우어를 주목하였고 바그너, 니체, 도스토옙스키, 베케트, 아인슈타인, 토마스 만, 카프카, 릴케와 같은 사람들을 매료시켰다. 그리고 이들이 촉발한 관심은 점점 더 많은 이들에게 퍼져나갔다.

2부

인생의 파도
헤쳐나가기

소품도 부록도 아닌
《소품과 부록》

　박사학위 논문 〈충분 근거율에 관한 네 갈래 뿌리〉를 마치고 학계에 진출한 쇼펜하우어는 찬밥 신세를 면치 못한다. 헤겔이나 피히테 같은 대가들에게 고분고분하기는 커녕 기를 쓰고 대들었으니 오죽했으랴.

　쇼펜하우어는 베를린훔볼트대학의 강사로 겨우 자리 잡지만 헤겔과 같은 시간대에 강의를 개설하겠다고 고집을 피우는 바람에 학생들의 반응은 썰렁했다. 쇼펜하우어의 강의는 지금으로 치자면 수강 신청 미달로 인해 폐강된 것이고, 시건방진 강사는 그나마 일자리마저 잃게 된 것이다.

그러나 아버지 덕에 먹고살 걱정이 없었던 쇼펜하우어는 이탈리아와 스위스, 독일의 이곳저곳을 돌아다니며 생계 걱정 없이 자기만의 연구 생활을 이어간다.

1831년 8월, 베를린 근교의 샤를로텐부르크에서 한 선원이 콜레라로 사망하고 이는 급속도로 베를린을 덮친다. 쇼펜하우어는 콜레라를 피하여 도망치듯이 프랑크푸르트로 갔다. 그가 그토록 미워했던 헤겔도 자신의 별장이 있는 크로이츠베르크로 피신하지만, 그곳에서 61세 생일파티를 연 지 3개월 만에 콜레라에 희생되고 만다.

매일 같은 시간에 같은 식당에서 반려견과 함께 점심을 먹어 주변 사람의 주목을 받던 쇼펜하우어는 1851년 63세 되던 해에 5년 만의 집필 끝에《소품과 부록》이란 책을 완성한다. 책 제목도 역시 자기식으로 삐딱하게《소품과 부록》, 또는 '여록과 보유'라는 뜻의 라틴어 'Parerga und Paralipomena'를 붙였지만 '소품과 부록'이라 하기엔 방대하고 중요한 내용이 수록되어 있다. 내가 가지고 있는 원본 파일만 해도 A4로 800쪽이 넘는다.

국내에 쇼펜하우어의 인생론이니 행복론이란 이름으로 번역된 책들 대부분이 이 책에서 일부를 발췌하여 번역된 것이며, 한 권으로 완역된 책은 아직 없는 것으로 알고 있다. 이 책은 1권 소품과 2권 부록으로 구성되어 있다. 소품에는 이상론과 현실론, 역사부터 철학사 개요, 우주에 대한 철학에 관하여, 개별자의 운명 속에 나타난 의도에 관한 초월적 논의, 영혼을 보는 것과 그것과 관계된 모든 것에 관한 철학적 에세이와 삶의 지혜를 위한 아포리즘으로 구성되어 있다.

이 아포리즘이 쇼펜하우어의 인생론이란 이름으로 국내에 많이 소개된 것이다. 2권 부록은 모두 31개의 장으로 구성되어 있고 1권보다 더 방대하다. 말 그대로 쇼펜하우어가 쓴 다양한 글들을 부록이란 형식으로 묶었다고 볼 수 있는데, 여기에는 철학과 그 방법론에 관하여, 논리학과 변증법에 관하여 같은 철학적 내용과 죽음, 고통, 자살, 의지, 종교, 스스로 사고하기, 독서와 책, 글쓰기와 문체, 말과 언어, 여성, 교육 등 다양한 내용이 실려 있다. 2권도 한

Parerga und Paralipomena.

Kleine philosophische Schriften

von

Arthur Schopenhauer.

Vitam impendere vero.
(Juvenale, Sat. IV. 91.)

Zweiter Band.

Leipzig:
F. A. Brockhaus.
1877.

《소품과 부록》제2판. '철학적 소고'라는 부제가 달려 있다.

국에 완역된 것은 없으며 행복론, 인생론, 문체론과 같은 제목으로 발췌 번역된 것이 전부이다.

쇼펜하우어가 《소품과 부록》을 출간할 때 지금 우리가 읽기 쉽게 주제별로 글을 모아 여러 권의 책으로 냈더라면 오히려 그를 어렵지 않게 이해할 수 있었을 것이다.

그러나 이것은 거의 200년 전쯤의 일이고 그나마 그가 이 책을 남겨놓았기에 철학을 전공하거나 본업으로 삼지 않은 일반인의 관심을 끌고 주목받게 된 것이다. 사실 그에게 이 책이 없었더라면 지금의 쇼펜하우어는 철학을 한다 하는 사람 정도만 알고 있었을 것이다.

이 책이 출간됨에 따라 쇼펜하우어는 늘그막에 영국에서부터 역주행을 하는 행운을 얻게 되었다. 그러니《소품과 부록》은 하찮은 소품이 아니고 허접한 부록이 아니다. 이 책은 쇼펜하우어에게 어쩌면 가장 중요한 책이며, 이 책이《의지와 표상으로서의 세계》에 대한 '생성의 근거율'을 마련해준다. 다만 시간의 흐름이 거꾸로인 것만 다를 뿐이다.

인간이 이루고 지니고
드러내는 것

    쇼펜하우어는 〈삶의 지혜를 위한 아포리즘〉의 서두에서 삶의 지혜는 전적으로 내재적인 의미이며 가능한 한 즐겁고 행복하게 살아가는 기술이라고 말한다. 그리고 그런 기술에 대해 가르치는 것을 행복론이라고 한다. 인간이 행복하게 살려면 먼저 인간 됨됨이가 중요한데, 쇼펜하우어는 아리스토텔레스가 《니코마코스 윤리학》에서 말한 외적인 자산, 영혼의 자산, 신체의 자산이 인간의 운명을 차이나게 한다며 그것을 다음과 같이 정리한다.

1. 인간을 **이루는** 것, 즉 가장 넓은 의미에서의 인격을 말한다. 그러므로 여기에는 건강, 힘, 아름다움, 기질, 도덕성, 예지와 예지의 함양이 포함된다.
2. 인간이 **지닌** 것, 즉 일반적인 의미에서의 재산과 소유물을 의미한다.
3. 인간이 남에게 **드러내 보이는** 것, 이러한 표현은 알다시피 타인의 눈에 비친 자신의 모습, 즉 타인에게 **어떤 인상을 주는가** 하는 것이다. 따라서 타인의 견해를 말하는 그것은 명예, 지위, 명성으로 나뉜다.

− 《쇼펜하우어의 행복론과 인생론》, 19

넓은 의미의 인격으로 인간을 이루는 것은 건강은 물론, 기질과 도덕성, 예지이며 한마디로 개개인이 가지고 있는 기질과 성격이다. 이것의 차이는 자연 그 자체가 인간들 사이에 설정해놓은 것으로 사람은 고쳐 쓸 수 없다고 말하듯이 인간의 행복과 불행에 본질적이며 결정적인 요소이다.

인간이 지닌 것이란 재산과 소유물이다. 이것은 인간의 내면이 아니라 외부에 주어진 환경을 말한다. 에피쿠로스 Epikuros의 제자 메트로도로스Metrodorus가 "우리 내부에 있는 행복의 원인이 사물에서 유래하는 행복의 원인보다 더 크다"라고 말했듯이 지위가 아무리 높고 재산이 아무리 많다고 해도 참된 인격과 비교하면 그 행복은 작고 초라할 뿐 아니라 일시적이다. 마지막으로 남에게 드러내 보이는 것은 타인에게 비친 내 모습이나 타인이 받는 나에 대한 인상이다. 이것은 명예, 지위, 명성으로 드러나는데, 쇼펜하우어는 이 가운데서 명성을 가장 중요한 것으로 여긴다.

인간이 살아가면서 가장 중요한 것은 자신 안에 존재하거나 자신 안에서 일어나는 것이다. 인간의 감정과 의욕, 사고의 결과인 내적인 즐거움과 불쾌함은 인간의 마음속에 고스란히 남아 있지만, 외부에서 주어진 것은 일시적이고 간접적인 영향을 미칠 뿐이다. 똑같은 외부의 사건에 대하여 사람마다 전혀 다른 느낌을 받는 것도 이 때문이며, 같은 환경에 놓여 있어도 사람마다 다른 방식으로 사는 것도 바로 이 때문이다.

사람들은 자신이 하고자 하려는 것과 그것이 드러난 것에 직접적으로 관계하고 외부의 환경이나 사물은 의지를 촉발시킬 때만 영향을 미친다. 그런데 같은 세계 안에서 각자가 살아가는 삶의 모습이 제각각 다른 것은 세계관에 의해 좌우된다고 쇼펜하우어는 말한다. 세계관의 차이에 따라 세상은 풍요롭고 재미있을 수도 있고, 빈곤하고 지루할 수도 있다.

그러나 세계관도 인간에게 무한정 행복을 주지 않는다. 개성에 의해 인간이 누릴 수 있는 행복에 한도가 있기 때문이다. 정신력에 의한 행복의 성취는 더욱 그렇다. 인간의 행복은 객관적인 것보다 주관적인 것이기 때문에 그 누구도 주거나 뺏을 수 없는 차분하고 명랑한 기질, 생기와 통찰력, 온건하면서 부드러운 의지를 지니는 것이 중요하다. 이를 두고 쇼펜하우어는 이렇게 말한다.

무엇이든 외부로부터 받아들이려고 하면서 외적인 부를 통해 내적인 부를 대신하려고 노력하지만 아무 소용없다.

이것은 소녀가 발산하는 정기로 젊음을 되찾으려는 노인의 경우와 유사하다. 내적 빈곤이 결국 외적 빈곤을 초래하는 것이다.

- 《쇼펜하우어의 행복론과 인생론》, 25

좋은 날이 아닌
즐거운 하루

우리는 "오늘도 좋은 하루 되세요" 하며 흔히 인사를 건넨다. 하루를 좋게좋게 보내라는 의미로 '부자 되세요'라는 허황된 인사보다야 훨씬 낫지만, 정확히 따져보면 내가 좋은 하루가 아니라 하루가 나에게 좋은 날이 되라는 소극적인 마음이 들어있다. 우리는 일상에서 이러한 문법적 오류가 담긴 표현을 적지 않게 사용하는데, 쇼펜하우어라면 이를 아주 못마땅하게 여겼을 것이고, 비트겐슈타인은 그럴 거 같으면 아예 말을 하지 말라고 했을 것이다.

쇼펜하우어는 인간은 어떤 경우에도 가장 먼저 자기 자

신만을 생각하며 즐긴다고 말한다. 육체적 향락은 물론 정신적 향유는 더욱 그렇다. 나는 파리에서 나를 즐긴다, 'I enjoy myself in Paris'라고 하지, 나는 파리를 즐긴다, 'I enjoy Paris'라고 하지 않는 것에서 분명히 나타난다. 자신의 향락과 향유, 쉽게 자기 즐거움을 위해서는 인간의 내면과 그가 원래 지닌 것, 인격과 그의 가치관이 가장 중요한 요인이다.

그러므로 쇼펜하우어는 운명은 변할 수 있지만, 성질은 어떤 경우에도 절대로 변하지 않는다면서 고상한 성격, 명랑한 마음, 건강한 신체가 행복의 가장 중요한 원천이며, 이것 가운데 가장 직접적으로 우리를 행복하게 해주는 것은 즐거운 마음이라고 한다.

그런데 이런 모든 자산 중에서 가장 직접적으로 우리를 행복하게 해주는 것은 명랑한 마음이다. 이러한 좋은 특성은 즉각 보답을 주기 때문이다. 즐거워하는 사람은 언제나 그럴 만한 이유가 있다. 말하자면 그가 즐거워한다는 사실이 바로 그 이유다. 이러한 특성만큼 다른 모든 자산을 완전히 대체할 수 있는 것은 존재하지 않는다.

- 《쇼펜하우어의 행복론과 인생론》, 28

그런데 즐거움에 가장 큰 도움을 주는 것은 재산이 아니라 건강이다. 그러니까 '부자 되세요'란 인사는 그 사람의 행복을 바라는 마음이 아니라 부족한 욕구나 욕망을 채우라는 권유와 같은 것이다.

즐거움의 절정에 도달하기 위해서는 무절제와 방탕, 격하고 불쾌한 감정의 동요, 과도한 스트레스 등을 피하고 활발한 운동과 식이요법을 통한 건강관리에 힘써야 한다. "생명의 본질은 운동(움직임)에 있다"라는 아리스토텔레스의 말의 빌려 쇼펜하우어는 '움직임'의 중요성을 강조한다.

명랑함에 가장 큰 도움을 주는 것은 부가 아니라 건강이다. 하층 노동 계급, 특히 땅을 경작하는 사람들은 대체로 명랑하고 만족한 얼굴을 하고 있다. 반면에 부유하고 고상한 사람들은 흔히 언짢은 얼굴을 하고 있다. 우리는 명랑함이 활짝 꽃피어 나도록 무엇보다도 높은 수준의 완전한 건강을 유지하려 노력해야 한다.

- 《쇼펜하우어의 행복론과 인생론》, 29

천재적 인간들이 보통 사람에 비해 우울한 것은 과도한 감수성 비해 움직임이 부족하기 때문이다. 사물의 객관적이고 실제적인 모습이 아니라 사물에 대한 견해가 우리의 행복을 좌우하는데, 천재들은 보통 사람들이 보는 것 이상으로 보고 생각하기 때문에 보통 사람의 즐거움을 침울로 받아들인다.

하나의 사물이나 사건을 스쳐 지나가듯이 보는 것과 면밀히 관찰하고 골똘히 생각하는 것은 차원이 다르다. 즐거운 마음을 가진 사람은 열 가지 일 가운데 한 가지가 성공한 것으로도 자신을 위로하고 유쾌해하지만, 침울한 사람은 그 반대이다. 그 때문에 우리에게 매일 필요한 것은 남에게 좋은 날이 아니라 내가 즐거운 하루이다.

고통과 무료함의
시소 놀이

시소 놀이는 양 끝에 탄 두 사람이 서로 합을 맞춰야 가능하다. 그리고 항상 평형을 이루고 있으면 시소는 무의미하고 어느 쪽으로든 기우는 것이 반복되어야 놀이로서 존재한다. 쇼펜하우어는 인간의 행복을 가로막는 두 가지 적수로 고통과 권태를 든다. 한쪽이 바닥을 치면 다른 한쪽은 최고점을 찍고, 이것이 시간 차이가 있을지언정 끊임없이 반복되는 것이 삶이라는 것이다.

소설가 이상李箱은 〈권태〉란 단편소설에서 이렇게 한탄한다.

내일. 내일도 오늘 하던 계속의 일을 해야지. 이 끝없는 권태의 내일은 왜 이렇게 끝없이 있나? 그러나 그들은 그런 것들을 생각할 줄 모른다.

가난과 부족함은 고통을 낳고 편안함과 풍족함은 권태를 낳는다. 인간은 배고픔이란 고통을 피해 유목민이란 생활양식을 만들었지만, 풍족함이란 권태에서 벗어나기 위해 관광이라는 새로운 유목을 만들어 낸 것도 하나의 역설이다.

그러나 고통과 권태라는 적대관계는 개개인의 주관에 따라 그 균형점이 달라질 수 있다. 특히 권태는 사람마다 차이가 있다. 성격의 예민함 또는 둔감함에 따라 그 정도가 다르며 내면의 공허가 권태의 원인이다.

내면의 공허가 크면 클수록 무료함은 커지고 무료함은 늘 외적인 자극을 원한다. 이상이 소설에서 말하는 계속되는 권태의 내일도 바로 내면의 공허함 때문이다. 그의 내면의 공허는 모든 일에 정신을 집중하는 천재적 기질인 예민한 감수성에서 비롯되지만 그렇지 않은 사람은 반대로 정신적 둔감함이 권태를 자극한다. 권태에 이르면 무엇을 할지 깊게 따지지 않고, 쉽고 하찮으며 형편없는 일에도 주저 없이 뛰어들어 시간을 때운다. 온갖 종류의 만남과 오락, 여흥과 사치를 병적으로 추구하는 이유는 바로 내면의 공허 때문이다. 결국엔 비참한 지경에 이르고 만다.

그렇다면 권태를 극복할 수 있는 내면의 풍요는 어떻게 이룰 수 있는가?

이런 잘못된 길로 빠지지 않게 우리를 가장 확실히 지켜주는 것은 내면의 풍요, 즉 정신의 풍요이다. 정신이 풍요로워질수록 내면의 공허가 들어찰 공간이 줄어들기 때문이다. 끝없이 활발한 사고, 내부 세계와 외부 세계의 다양한 현상을 접하며 새로워지는 유희, 힘과 그 힘을 언제나 다르게 결합하려는 충동 때문에 두뇌가 뛰어난 사람은 피로한 순간을 제외하고 전혀 무료함을 느끼지 않는다.

- 《쇼펜하우어의 행복론과 인생론》, 34

쇼펜하우어는 내부 세계와 외부 세계의 다양한 현상을

접하고 늘 새로워지는 즐거움, 힘과 그 힘을 언제나 다른 것과 결합하는 시도를 하라고 조언한다. 이를 위해선 지적 능력과 감수성을 키우고, 이를 바탕으로 의지와 열정의 뿌리를 내릴 수 있다. 우리의 현실에서도 무슨 무슨 감수성이 부족해서 일이 생겼다고 하는 것이 흔하지 않은가. 이렇게 되면 삭막한 환경 속에서도 자기 생각을 채우고, 활기차게 만들고, 세네카의 "어리석은 자는 모두 자기 자신에 대한 권태에 시달린다"란 말을 상기하게 된다.

정신력이 빈약하고 천박한 사람일수록 사교적이며 이런 사람은 고독과 천박함 중 하나를 선택할 수밖에 없다. 평범한 사람들은 단지 시간을 보낼 생각만 하지만, 재능 있는 사람들은 시간을 활용한다. 시간의 활용은 자유로운 여가를 말한다. 자유로운 여가는 모든 사람에게 자신의 자아를 갖게 해주어 생활의 정수와 결실로 이어주고, 자존감을 지닌 사람으로서 나름대로 행복하게 살 수 있도록 돕는다. 이 때문에 가장 좋고 가장 바람직한 것은 각자 자신을 위해 존재하고 존재할 수 있어야 한다.

그러므로 아리스토텔레스가 "행복은 스스로 만족해하

는 사람인 것이다"라고 한 말은 단순히 나에게 좋은 하루를 바라는 것이 아니라, 나에게 주어진 상황에서 나 자신을 만족시키는 능력을 키우는 긍정적인 태도를 말한다.

다시 이상의 말을 들어보자

그럼, 이 흉악한 권태를 자각할 줄 아는 나는 얼마나 행복한가.

쾌락이 아닌 즐거움을 위한
욕구의 충족

　쇼펜하우어는 에피쿠로스를 행복론의 위대한 스승이라고 칭한다. 헬레니즘 시대에 출현한 두 학파 가운데 하나인 에피쿠로스학파를 흔히 쾌락주의자라고 한다. 에피쿠로스에 관해서는 3세기경 디오게네스 라에르티오스가 지은 《유명한 철학자들의 생애와 사상》에 실린 몇 편의 글이 전부이다. 그런데 러셀Russell은 이 기록에 대해 라에르티오스가 가치가 없는 전설을 기록했다는 것과 에피쿠로스에 대해 스토아학파가 제기한 중상모략을 들은 대로 전했기 때문에 믿을 수 없다고 말한다.

에피쿠로스의 생애에 관하여 믿을 만한 권위자는 3세기경에 살았던 디오게네스 라에르티오스다. 그러나 두 가지 난점이 있다. 첫째 어려움은 디오게네스 라에르티오스가 역사적 가치가 거의 없거나 전혀 없는 전설을 기꺼이 받아들였다는 점이다. 둘째 어려운 점은 전기의 일부가 에피쿠로스에 대해 스토아학파가 제기한 중상모략을 들을 대로 전하는 식이고, 그런 내용을 통해 라에르티오스가 무엇을 주장하려는 것인지, 단지 중상모략을 언급한 것일 뿐 분명치 않다는 점이다. 스토아학파가 꾸며낸 추문은 고상한 도덕이 칭송되는 때를 기억해야 할 스토아학파에게는 사실이겠지만, 에피쿠로스에 관한 사실은 아니다.

- 러셀, 《서양철학사》, 406

이성을 중심으로 금욕을 최고의 가치로 여겼던 스토아학파에게 '감정을 속이지 말고 되는대로 살라'는 식의 에피쿠로스의 주장은 돼먹지 못한 상놈의 소리로 들렸을 것이다. 그러니 스토아학파는 에피쿠로스를 어떻게든 평가절하해야만 했고, 그 뒤로도 그리스도교와는 전혀 맞지 않는 사람이라며 저평가되어 역사의 그늘 속에 묻힌 게 당연한 결과였다.

그러나 루크레티우스Lucretius의 《사물의 본성에 관하여》란 서사시가 세상의 빛을 봄으로써 에피쿠로스도 재조명을 받았다.

에피쿠로스(B.C. 341년경~270년경)

키케로Cicero가 최초로 발견한 이 책은 독일 풀다의 수도원에서 천 년간 먼지를 뒤집어쓰고 있다가 1417년 이탈리아의 인문학자 포조 브라촐리니에 의해 발견돼 세상에 다시 나옴으로써 근대의 시작을 알린다. 우주에는 창조자도 설계자도 없다, 영혼은 죽는다, 사후 세계는 없다, 천사니 악마니 귀신이니 하는 것은 없다는 것이 이 책의 골자라 할 수 있다. 따라서 지금의 '나'가 가장 중요하고 인생의 최고 목표는 쾌락의 증진과 고통의 경감이다. 그런데 쾌락의 가장 큰 장애물은 고통이 아니라 망상이다. 이런 주요 내용만 보아도 이 책이 왜 수도원의 깊은 서고에 묻혀 세상의 빛을 볼 수 없었는지 알 수 있으며, 움베르토 에코의 소설 《장미의 이름》에서 호르헤 수도원장이 그리스도교 교리에 반하는 책을 소장하고 있던 미궁의 장서관을 불태운 것이 이해된다.

쾌락주의를 뜻하는 'Hedonismus'에서 '헤도네hedone'는 기쁨, 만족, 즐거움, 향연, 욕망을 뜻한다. 그러나 스토아 학파가 그들을 비난했듯이 쾌락주의란 말에서 육체적 쾌락, 성적 쾌락이란 의미를 떼어내기가 쉽지 않은데, 에피쿠로스의 쾌락은 쾌락을 위한 욕망을 절제하는 삶을 말하며, 그는 소박한 공동체 생활을 꿈꾸었다.

쇼펜하우어는 고통 없는 즐거움을 말하기 위해 에피쿠로스까지 거슬러 올라간다. 그는 에피쿠로스가 말한 쾌락을 자연스럽고 꼭 필요한 욕구, 자연스럽긴 하지만 꼭 필요하지 않은 욕구, 자연스럽지도 않고 꼭 필요하지도 않은 욕구 등 세 가지로 정리한다. 그리고 식욕과 배설의 욕구, 성욕, 사치, 호사, 부귀영화에 대한 욕구를 인간의 이성으로 절제하지 않으면 쾌락 뒤에는 그보다 더한 고통이 따름을 경계한다.

행복론의 위대한 교사 에피쿠로스는 인간의 욕구를 세 가지 항목으로 나누었는데, 이는 올바르고 훌륭한 구분이다. 첫째는 자연스럽고 꼭 필요한 욕구이다. 이것은 충족되지 않으면 고통을 일으킨다. 따라서 여기에 해당하는 것은 먹을 것과 입을 것에 대한 욕구뿐이다. 그것은 충족시키기 쉽다. 둘째는 자연스럽기는 하지만 꼭 필요하지는 않은 성적 충족의 욕구이다. 하지만 디오게네스 라에르티오스의 보고에 의하면 에피쿠로스는 이런 말을 하지 않았다.

(나는 여기서 그의 학설을 조금 고치고 다듬어서 재현하고 있음을 밝혀 둔다.)

이러한 욕구는 좀 더 충족시키기 힘들다. 셋째는 자연스럽지도 꼭 필요하지도 않은 사치, 호사, 부귀영화에 대한 욕구이다. 이것은 끝이 없고 충족시키기가 무척 어렵다.

- 《쇼펜하우어의 행복론과 인생론》, 50

물질적 욕구가 강하고 그 밖의 다른 욕구의 복합체인 인간에게 가장 큰 고통은 부의 소유가 노골적으로 존경과 숭배를 받고 있기 때문이다. 심지어 권력조차 부를 얻는 수단이 되어도 사람들은 크게 놀라지 않는다. 그렇기 때문에 부와 권력을 소유하기 위해 다른 모든 것이 무시되고 망가지는 것에 두려움이 없다. 에피쿠로스와 쇼펜하우어가 말한 욕망의 절제에 따른 고통의 감소와 쾌락의 증대 문제는 20세기에 에리히 프롬이 쓴 《소유냐 존재냐》에서 이어진다.

산업사회의 물질주의 문명을 철학과 정신 분석, 종교, 역사의 측면에서 분석한 프롬은 인간의 생존 양식을 재산과 지식, 사회적 권위, 권력의 소유에 전념하는 소유 양식과 자기 능력을 능동적으로 발휘하며 삶을 즐겁게 사는 존재 양식 두 가지로 구분하였다. 현대 사회에서는 소유하는 것이 많을수록 유능한 인간으로 인정받기 때문에 물불을 가리지 않고 노력하지만, 소유가 행복을 보장하지는 않는다.

소유로서의 삶이 비중이 커질수록 그 사람의 존재로서의 삶은 줄어들고 소유물의 보존에 대한 불안 때문에 더 불행해진다. 소유에 집착하지 않고 생을 긍정하며 타자와 함께 사는 존재 양식, 흔히 말하는 마음 비우기, 내려놓기의 삶이 행복한 삶이라고 말하는 점에서 에피쿠로스나 쇼펜하우어는 일맥상통하지만, 에리히 프롬과 다른 점은 그것은 이제 개인의 문제가 아니라 사회 전체의 문제이기 때문이다. 사회 시스템에서 이를 해결할 수 없다면 개인이 자기 선택에 따라 자기 삶의 가치를 결정할 수밖에 없다. 죽을 때까지 소유에 집착하거나 아니면 편한 집을 두고도 존재의 삶을 찾아 달방이라도 얻어 길을 떠나거나.

명예와 허영의
한 끗 차이

한창 잘 나가던 정치가, 사회적 명사, 유명 연예인이 순간의 말실수나 가벼운 행동으로 삐끗하여 하루아침에 지탄의 대상이 되는 것을 볼 수 있다. 그런 일은 특히 선거철이 되면 정치판에서 호떡을 뒤집는 일보다도 쉽게 자주 일어난다. 사회적 부와 명성을 이룬 삶은 뭐 하나 부족하지 않은 풍요로운 삶일 수도 있겠으나 타인의 시선으로부터 한시도 자유롭지 못하다. 그러기에 이탈리아 르네상스시대를 지배했던 메디치 가문의 제일 어른 코시모 메디치 Cosimo Medici는 "언제나 대중의 시선에서 벗어나라"는 가훈

코시모 메디치(1389~1464)

을 물려주었다.

　사람들은 돈과 권력의 유무를 행복의 척도로 간주하는 경우가 적지 않다. 적지 않은 게 아니라 그것이 행복의 최고 기준이 되었다. 그러나 돈과 권력은 행복을 위한 하나의 수단이지 그 자체가 될 수 없다. 인간의 궁극적인 목적이 행복인데 그 목적을 수단으로 착각할 때 사달이 나고 만다. 이를 피하기 위해서는 지혜로운 삶의 방식이 필요하다. 역사학자 부르크하르트Burckhardt는 역사는 기민하게 대처할 수 있는 능력을 주는 것이 아니라 지혜롭게 사는 방식을 가르쳐준다고 말했다. 이러한 사고의 원천은 물론 철학의 영역에서 흘러나온 것이다.

인간이 타인에게 과시하고 타인에게 비친 자신의 존재를 지나치게 의식하는 것은 인간의 본성이 본래 강하지 않기 때문이라고 쇼펜하우어는 말한다. 나에 대한 타인의 평가가 그리 중요하지 않은데도 그것에 매달리는 것은 나름대로 위안을 얻거나 허영심이 충족되기 때문이다. 또 이와는 반대로 자존심에 상처를 받거나 무시당하면 모욕감을 느끼고 고통스러워한다.

우리가 타인의 견해에 가치를 부여하는 것과 그러한 견해에 끊임없이 신경을 쓰는 것은 대체로 합리적으로 얻기를 원하는 결과와 거의 맞지 않으므로, 타인의 태도에 대한 이런 관심은 일반적으로 널리 퍼진 광기 또는 선천적인 광기의 일종으로 볼 수 있다. 우리는 어떤 행동을 할 때 무엇보다 다른 사람과 다른 사람의 견해에 신경을 쓴다. 잘 생각해 보면 우리가 여태까지 염려하고 불안하게 생각한 것의 거의 절반은 남이 나를 어떻게 생각할까를 염려에 두었기 때문이라고 볼 수 있다. 걸핏하면 상처받고, 병적으로 민감한 모든 자존심의 밑바닥에는, 또한 뽐내고 뻐기는 태도뿐 아니라 모든 허영과 허세의 밑바닥에도 그러한 우려가 자리하고 있다.

- 《쇼펜하우어의 행복론과 인생론》, 60

이것은 명예심이라는 인간의 본성이 작동해서 그런 것인데 이로 인해 인간의 도덕성이 발현되어 처신에 도움을 줄지는 모르나 인간 자신의 행복, 특히 행복에 직접적인 영향을 미치는 마음의 안정에는 방해가 되고 불리한 작용을 한다는 게 쇼펜하우어의 주장이다. 말하자면 사람들의 중요한 가치로 여기는 명예가 자기 행복과는 별 상관이 없다는 것이다.

우리는 사회적 저명인사들이 명예훼손이란 문제로 법적 다툼을 벌이는 일을 종종 볼 수 있다. 그러나 쇼펜하우어에 따르면 법리에 따라 훼손된 명예를 되찾더라도 자기 행복과는 전혀 무관하다는 것이다. 명예훼손 때문에 소송을 걸어 이겼다고 해서 자기에게 돌아오는 것은 거의 없고 그 과정에서 겪는 마음고생이 더 심해질 뿐이다. 그리고 타인의 아첨이나 아부, 비난에 민감하게 반응하지 않는 것이 현명하다. 왜냐면 이 두 가지는 모두 하나의 실에 매달려 있어 이를 따르다 보면 타인의 견해와 생각의 노예가 되기 때문이다.

자신의 내면의 가치가 중요한 것이지 타인의 눈에 비친 나는 그저 나의 본질에 대한 비교의 대상일 뿐이다. 자기 내면의 가치가 우리가 사는 동안에 존재의 내용이며 그것이 '나를 이루는 것'이자 '내가 지닌 것'이 된다. 왜냐면 이것이 벌어지는 곳이 나의 의식 안에 있기 때문이다. 반면에 타인에게 비친 나는 내가 아닌 타인의 의식 속에서 일어난 표상이다. 그러기 때문에 자신의 실제 모습이 아니라 타인의 눈에 비친 자기 모습을 찾는 사람은 내면의 자기가 완성되지 않은 사람이다.

명예란 바로 타인의 눈에 비친 나의 모습에 불과하다. "명예가 목숨보다 더 중요하다"란 말은 "생존과 행복은 무

가치하고, 나에 대한 타인의 견해가 중요하다"란 말과 같은 의미이다. 명예란 애초에 잃을 것도 되찾을 것도 없는 것이다. 그런데도 우리는 명예를 목숨 걸고 지키려 하고 훼손된 명예를 되찾기 위해 온갖 방법을 다 동원한다. 쇼펜하우어는 이런 현상을 하나의 망상이라고 말한다.

그렇다고 쇼펜하우어가 명예라는 가치를 완전히 무시하는 것은 아니다. 그가 문제 삼는 것은 명예를 행복과 관련시킬 때이다. 명예에만 신경을 쓰다 보면 타인의 견해를 중요시하고 자신보다는 타인의 생각에 초점을 맞추어 그것을 자기 존재의 한 부분으로 여긴다. 본질 자체보다는 타인의 머릿속에 있는 생각에 더욱 관심을 쏟는다. 이처럼 자기에게 표상되지 않는 것을 '그럴 것이다'라고 평가하는 어리석음이 다름 아닌 허영심이다. 그러므로 쇼펜하우어는 "허영이란 탐욕과 마찬가지로 수단 때문에 목적을 망각하는 것에 속한다"라고 말한다.

현자도 가장 떨쳐 버리기 힘든 것이 명예욕이다.

— 타키투스, 《역사》

인간의 어리석음을 틔우는 싹
─ 허영심, 자긍심

　쇼펜하우어는 인간의 본성인 어리석음은 세 가지 싹에서 나온다고 말하는데, 그것은 바로 명예욕, 허영심 그리고 자긍심이다.

　인간 본성의 어리석음에서 주로 세 가지 싹이 나온다. 명예욕, 허영심, 자긍심이 그것이다. 허영심과 자긍심의 차이는 다음 사실에 근거한다. 즉 자긍심은 어떤 점에서 자신이 압도적인 가치를 지녔다는 것에 관한 확고한 확신임에 반해, 허영심은 이러한 확신을 타인의 마음속에서 일으키는 소망이다. 허영심에는 그 확신을 자신의 것으로 삼을 수 있지 않을까 하는 은밀한 희망이 수반된다. 자긍심은 자기 자신에 대해 내부에서 출발하는 직접적인 높은 평가인 반면에 허영심은 그러한 것을 외부에서 간접적으로 얻으려는 노력이다. 허영심은 말을 많이 하게 만들지만, 자긍심은 과묵하게 만든다. 하지만 허영심이 강한 사람은, 비록 아주 멋지게 말할 수 있다 해도 말을 하기보다는 계속 침묵하는 편이 그가 추구하는 타인의 높은 평가를 더욱 쉽고 확실하게 얻을 수 있음을 알아야 한다.

- 《쇼펜하우어의 행복론과 인생론》, 64

자긍심과 허영심은 비슷하면서도 차이가 있다. 자긍심은 자신이 어떤 점에서 압도적인 능력이 있다는 확신인 반면에 허영심은 그 확신을 타인이 믿어주길 바라는 마음이다. 그러니까 자기 내부에서 출발한 자긍심이 남의 마음속에 들어가 재차 확인을 받고 돌아오길 바라는 욕망이다. 그런데 문제는 무엇에 대해 자기가 자긍심을 가지려 해도 마음대로 되지 않는다는 것이다. 그러므로 자긍심은 다른 사람의 갈채를 받으려는 허영심을 반드시 수반한다. 그러다 이것이 뜻대로 되지 않으면 심한 비난을 받는다. 그리고 이것이 비난을 넘어 불행의 나락으로까지 빠지게 만든다.

쇼펜하우어는 자긍심 중에서 가장 천박한 것이 민족적 자긍심이라고 말한다.

민족적 자긍심에 사로잡힌 사람은 그런 사실로 자랑할 만한 개인적 특성이 부족함을 드러내기 때문이다. 그렇지 않다면 그가 수백만의 사람과 공유하는 것을 굳이 손에 넣으려고 할 턱이 없다. 의미 있는 개인적 장점을 지닌 사람은 언제나 자국민의 결점을 보고 있으므로 오히려 자기 민족이 지닌 결점을 가장 또렷하게 인식할 것이다. 하지만 세상에 무엇 하나 자랑할 만한 게 없는 가련한 멍청이는 자기가 속한 민족을 자랑하는 최후의 수단으로 붙드는 것이다.

- 《쇼펜하우어의 행복론과 인생론》, 65

유구한 반만년의 역사와 단일민족이란 자긍심을 지닌 우리에게 쇼펜하우어의 이런 주장은 매우 불편하게 받아들여질 것이다. 그러나 쇼펜하우어는 독일인이 민족적 자긍심이 없어 정직하다고 말하며 가끔 민족적 자긍심을 내세우며 우스꽝스러운 방식으로 위선을 부리는 사람이 있다고 말한다. 아마도 헤겔을 염두에 둔 것이겠지만.

타인의 눈에 비친 우리의 모습은 명예와 지위, 명성으로 나타난다. 대중의 눈높이에서는 대단히 중요한 것으로 보이지만 인습적이거나 허구적인 가치에 지나지 않는다. 명예는 이보다 더 복잡하고 어려운 가치인데 쇼펜하우어는 "명예는 외적인 양심이고, 양심은 내적인 명예"라고 설명한다. 명예란 객관적으로 보면 나의 가치에 대한 타인의 견해이고, 주관적으로 보면 타인의 견해에 대한 나의 두려움인 것이다. 그러기 때문에 인간은 그런 두려움에서 벗어나기 위해 명예를 지키려 열심히 노력한다. 이것은 인간의 본성이며 때로는 명예심이 되지만, 경우에 따라서는 수치심이 되기도 한다.

소극적 의미인 명예와 반대되는 것이 명성이다. 명예는 한 주체에만 국한되는 특별한 성질이 아니라 누구에게나 전제되는 것이지만 명성은 그 사람이 예외적인 존재임을 의미한다. 다시 말해 명성은 획득해야만 하지만 명예를 잃지 않기만 하면 되는 것이다. '명예를 지킨다, 명예를 잃었다'란 말은 자주 듣지만 '명예를 얻었다'란 말은 자주 듣지 못하고 '명성을 얻었다'란 말을 자주 듣는 것은 바로 여기에서 기인한다.

인간은 명성을 얻기 위해 노력하기보단 명예를 지키기 위해 애쓰기 때문에 고통이 수반된다. 자주 논쟁을 벌이는 바람에 타인으로부터 수모를 많이 당한 소크라테스가 "내가 노새에게 차였다고 해서 노새를 고소하겠는가?"라고 했던 말을 빌려 쇼펜하우어는 명예에 대해 의연한 자세를 중요시한다.

아무리 훌륭한 말이라도
듣는 자의 귀가 일그러져 있으면 조롱받는다.

- 괴테, 《서동시집》

별일 없이
살기

지금은 활동이 뜸하지만, 한때는 적지 않은 사람들로부터 관심을 받은 가수가 있다. 바로 장기하이다. 〈싸구려 커피〉라는 그의 노래를 처음 들었을 때 신선한 충격을 받았다.

그러나 그 노래보다 인기는 못 얻었어도 내 생각에 장기하의 음악은 〈별일 없이 산다〉가 압권이다.

나는 별일 없이 산다

뭐 별다른 걱정 없다

나는 별일 없이 산다

　이렇다 할 고민 없다

이게 뭐 그렇게 좋은 가사이며 노래냐고 할지 모른다. 그저 실없이 지내는 한 청년의 푸념에 지나지 않느냐고 말할 수도 있다. 특별하게 좋은 일도 없지만 아주 나쁜 일도 없이 지내는 것, 그것이 바로 쇼펜하우어가 말하는 행복의 원칙이다. 노래의 화자도 이것을 알고 있기에 '별일 없이 산다'는 내 얘기에 너는 깜짝 놀랄 것이고 절대로 기쁘게 듣지도 못할 것이며 십중팔구는 불쾌해질 거라고 미리 경고한다.

　행복론은 그 명칭 자체가 미화하는 표현이고, 행복하게 산다는 말은 '덜 불행하게', 즉 그럭저럭 견디며 산다는 의미일 뿐이라는 가르침으로 시작해야 한다. 물론 인생이란 향락을 즐기기 위해서가 아니라 고통을 이겨 내고 처리하기 위한 것이다. 이것을 라틴어로는 '그럭저럭 살아가며, 삶을 견뎌 낸다', 이탈리아어로는 '그럭저럭 헤쳐나가라!',

독일어로는 '헤쳐나갈 방도를 모색해야 한다' 또는 '그는 어떻게든 세상을 헤쳐나갈 것이다' 등으로 표현할 수 있다. 그렇다, 삶의 노고에서 벗어났다는 사실이 노년에는 위안이 된다. 이런 의미에서 본다면 가장 행복한 운명을 타고난 사람은 정신적으로뿐만 아니라 육체적으로도 그다지 큰 고통을 겪지 않고 살아온 사람이지, 대단히 큰 기쁨이나 엄청난 쾌락을 맛본 사람이 아니다.

- 《쇼펜하우어의 행복론과 인생론》, 116

쇼펜하우어는 아리스토텔레스가 《니코마코스 윤리학》에서 말한 "분별 있는 자는 쾌락이 아닌 고통 없는 상태를 추구한다"라는 명제를 모든 삶의 지혜이자 최고의 원칙으로 생각한다. 쾌락을 즐거움으로 대신할 수도 있는데 쾌락과 행복은 소극적이지만 고통은 적극적인 성질을 가지고 있다. 이 특성을 쇼펜하우어는 《의지와 표상으로서의 세계》 58장 〈충족과 행복의 소극적인 성질〉에서 자세히 설명한다.

모든 충족, 또는 흔히 행복이라고 부르는 것은 원래 본질적으로 언제나 소극적인 것에 불과하며 결코 적극적인 것이라고 할 수 없다. 그것은 근원적으로 저절로 우리에게 와서 행복하게 하는 것Beglückung이 아니라 언제나 어떤 소망의 충족이어야 한다. 왜냐면 소망, 즉 부족은 모든 향유의 선행 조건이기 때문이다. 그러나 충족과 함께 소망, 따라서 향유도 끝나게 된다. 그 때문에 충족이나 행복하게 하는 것은 결코 고통이나 곤궁으로부터의 해방 그 이상일 수는 없다.

- 《쇼펜하우어, 의지와 표상으로서의 세계》, 58장

　　행복은 달리 말하면 충족이며 행복이 저절로 우리에게 와서 행복해지는 것이 아니라 항상 어떤 욕망이 충족되어야 가능하다. 그러니까 행복이나 향유의 선행 조건은 부족함을 채우고 싶은 욕망이다. 이것이 채워짐과 함께 향유도 행복도 끝나는 것이다. 그 때문에 충족이나 행복하게 사는 것은 결코 고통이나 곤궁으로부터 벗어남이 될 수 없다.

아이들을 키우면서 한 경험이다. 작은 아이가 중2 병에 걸렸을 때다. 그때 마침 그 또래에 유명 브랜드의 패딩점 퍼가 유행했는데 아이는 날씨가 추운데도 그 전해에 사준 외투를 입고 다니지 않았다. 어느 날 저녁에 아이를 불러 물었다. 새 외투를 사 입고 싶으냐고. 이번엔 아빠가 카드를 줄 테니 '네가 직접 사 입고 오라' 했다. 다음 날 나의 휴대폰에 문자가 들어왔다. '○○백화점에서 ○○만 원을 결제했습니다.'

저녁에 집에 들어가 아이에게 새로 산 옷을 입어보라고 했다. 아이는 중학생답지 않게 큰돈을 써서 산 옷을 입고 아빠 앞에 나타나기가 미안했던지 어정쩡하게 내 앞에 서 있었다. 나는 그저 "그 옷이 마음에 드냐?"라고 물었고, 아이의 끄덕거림에 "그럼 이번엔 그 행복이 오래갔으면 좋겠다."라고 말했다. 내 말이 통했던지 다음 해 겨울에 아이는 새로 외투를 사지 않았고 또 한 해가 지나도 그 옷을 여전히 입고 다녔다. 그것은 그 아이의 충족감이 오래 유지되었기 때문이 아니라 자기가 바라는 소망, 부족함을 채우려면 비용이 많이 들고 그에 비해 행복한 마음은 오래가지 않는다는 것을 알았기 때문일 것이다.

쇼펜하우어는 이것을 깊이 들여다본다. 우리에게 본래 주어진 것은 부족함과 고통이다.

우리에게 직접 주어진 것은 언제나 부족, 즉 고통뿐이다. 그러나 우리는 충족이나 향유를, 생기는 동시에 끝나 버린 이전의 고뇌나 결여에 대한 기억을 통해 간접적으로만 인식할 수 있다. 그러므로 우리가 실제로 소유하고 있는 재물이나 장점을 결코 제대로 알아채거나 평가하지 못하고, 그것이 의당 그렇게 있어야 하는 것으로 생각한다. 왜냐면 재물이나 장점은 고뇌를 저지하면서 언제나 소극적으로만 행복하게 하기 때문이다. 그런 것들을 잃은 연후에야 비로소 우리는 그 가치를 느끼게 된다.

– 《쇼펜하우어, 의지와 표상으로서의 세계》, 58장

하이데거Heidegger도 인간은 에덴동산에서 쫓겨나 험한 세계에 '던져진 존재das Geworfensein'라고 말했다. 여기에서 나온 '던져짐die Geworfenheit' 표현을 고매한 철학자들은 피투성皮投性이란 어려운 말로 소개하는 바람에 험하고 힘든 세상에 던져진, 즉 부족함과 고통을 이겨 내는 삶에의 의지를 지닌 존재를 더욱더 힘들고 괴로운 피투성이로 만들고 말았다.

우리는 부족함을 채운 후에 행복한 것이 아니라 그나마 가지고 있던 것을 잃었을 때 그 소중함을 절실하게 깨닫는다. 고난, 질병, 부족을 극복했을 때 우리를 기쁘게 하는 것은 바로 이 때문이다.

행복이 소극적이란 것은 행복은 지속적인 충족감이 아니고 고통이나 부족함으로 잠시 벗어나는 것일 뿐이라고 쇼펜하우어는 말한다. 그리고 그 부족함이 채워지면 권태나 무료함, 아니면 또 다른 헛된 갈망이 생긴다. 이것은 내가 행복의 주체가 아니라 행복의 객체이거나 거기에 구속된 것이나 마찬가지다. 즉 행복에 매달려 산다는 것이다. 우리는 이것을 중독이란 말로도 대신할 수 있다. 행복 중독이란 말을 잘 쓰지 않는 것은 행복에 대한 우리의 인식이 너무 긍정적이기 때문이다. 그 행복의 부작용은 알코올이나 마약보다 더할지도 모른다.

인생은 향락을 즐기기 위해서가 아니라 고통을 견뎌내고 해결하려고 있는 것이다. 가족이나 가까운 사람들끼리 안부를 묻는 첫마디, '별일 없지?'처럼 상대방이 잘 지낸다면 그것처럼 행복한 것도 없을 것이다. 그리고 나도 별일 없이 잘 지낸다는 말을 상대방에게 해줄 수 있다는 것은 정말로 별일 없는 하찮은 일이 아니라 삶에서 가장 중요한 문제일 것이다.

수난은 예수만
당한 것이 아니다

그리스도는 수난의 상징이다. 가시면류관을 쓴 그리스도가 십자가를 짊어진 채 골고다 언덕으로 올라가는 길은 수난의 길이었다. 그리스도는 그 수난을 감수하면서 자신을 희생하여 인간을 구원한 것이다. 지금도 그리스도교에서 이 믿음은 변함없이 베드로의 상징인 반석처럼 굳건하다. 굳건한 그 믿음의 반석은 세월의 영광과 함께 여전히 빛을 발하고 있다.

그런데 쇼펜하우어는 그리스도뿐 아니라 모든 인생사가 수난의 역사라고 말한다.

모든 인생사는 수난의 역사다. 모든 인생행로는 대체로 일련의 크고 작은 사고의 연속이기 때문이다. 그러나 다들 사고를 되도록 감추려고 한다. 다른 사람들이 이 사고를 보고 관심과 연민을 보이는 경우는 드물고, 그들은 바로 지금 이런 고생을 면하고 있다는 생각에 분명 만족감을 느끼리라는 것을 다들 알고 있기 때문이다.

- 《쇼펜하우어, 의지와 표상으로서의 세계》, 59장

인간이 겪는 수난을 어찌 그리스도의 그것과 비교하랴마는 살고자 함에서 겪는 수난의 의미는 크게 다르지 않을 것이다. 모든 삶의 행로에서 크고 작은 수난을 겪지 않는 사람은 없다. 어느 정도 살만하고 괜찮다 싶으면 다시 예기치 않은 일이 일어난다. 모든 게 새옹지마이고 호사다마이지 않은 일이 없는 것이다. 옛날 어른들은 그저 고만고만하게 살라는 뜻으로 수난이 닥치면 다시 "고만이 밭에 푹 빠졌다"고 체념했다.

그러나 사람들은 이를 감추려 하고 타인의 시련을 보고 관심과 연민을 보이기는커녕 오히려 자기는 그런 고생을 면하고 있다는 생각을 하며 위로하거나 만족감을 느낀다. 쇼펜하우어가 인용한 루크레티우스의 시를 보면 확실히 알 수 있다.

거센 바람이 휘몰아치는 바닷가에 서서
곤경에 빠진 뱃사공을 바라보는 일은
얼마나 기쁜 일인가.
남이 고생하는 것을 보고
즐거워하는 것이 아니라,
그대가 화를 면한 것을 알고
기뻐하는 것이다.

- 루크레티우스, 《사물의 본성에 관하여》, II, I

사촌이 땅을 사면 배가 아픈 것과는 달리 다른 사람의 고난을 보고 우리는 최소한 위로를 받는다. 그러니 어려움을 겪는 사람에게 다른 사람의 고난을 예로 들며 위로해주고 격려한다. 그러나 수난이 어렵고 깊어지면 인간은 차라리 존재하지 않음, 즉 살아 있지 않음을 생각한다. 삶에 대한 의지마저 유지하기 어려운 상태에 빠지는 것이다. 그런 상태에 이르면 소위 극단적 선택을 놓고 고뇌하게 된다. 쇼펜하우어는 그 선택의 결과를 이렇게 말한다.

> 자살이란 비참한 이 세상에서 실제적인 구원을 받는 것이 아니라 단지 엉터리 구원을 받는 것에 지나지 않으므로, 최고의 도덕적 목표에 도달하는 것에 배치된다.
>
> -《쇼펜하우어의 행복론과 인생론》, 279

삶에 대한 두려움이 죽음의 공포를 넘어서는 순간 인간은 자신의 삶에 스스로 종지부를 찍을 수 있다. 그런데 자살은 인간이 자연에게 질문하고 답변을 강요하는 하나의 실험이자 질문이라고 쇼펜하우어는 말한다. 죽음을 통해 인간의 생존과 인식이 어떤 변화를 겪는지 알아보려는 실험이라는 것인데, 쇼펜하우어는 그 실험을 아주 서툰 짓이라고 결론 내린다.

왜냐면 질문하고 대답을 들어야 의식의 동일성, 즉 주체마저 파괴해버리기 때문이다. 그 질문을 던진 사람은 사라져 버려 없고, 남은 사람들이 고통스럽게 그가 던지고 간 질문의 대답을 들어야만 하는 것이다.

자기만의 방에서
지내기

《자기만의 방》은 버지니아 울프Virginia Woolf가 쓴 소설이다. 여성의 인권과 사회적 참여라는 말이 무색할 정도로 불평등한 시대였던 1920년대 여성에 대한 사회적 제약과 편견에 맞서 싸운 여성을 다룬 이야기이다. 이 소설은 버지니아 울프의 삶 자체이기도 하다.

여성의 자아를 성찰하고 창의성을 발전시키기 위해서는 자기만의 최소한의 공간과 최소한의 비용이 필요하다는 이야기였고, 지금은 페미니즘 소설의 대표작이 되었지만 나는 여기에서 '자기만의 방'이란 공간에 주목한다. 자기만이 거주하고 활동하면서 생각할 수 있는 공간. 그것은 물리적 공간일 수도 있겠지만 물리적 공간은 정신적인 자기만의 공간을 마련하기 위한 최소한의 조건일 뿐이다.

쇼펜하우어에 따르면 사회는 필연적으로 상호 간의 순응과 타협을 요구하는데 이 때문에 사회의 범위가 커지고 복잡해질수록 사회적 관계는 무미건조해진다. 그러나 인간은 혼자 있을 때만 온전히 그 자신일 수 있다. 인간은 혼자 있을 때 자유롭고 통제와 자율은 사회를 구성하는 기본 전제이다. 아리스토텔레스의 "인간은 정치적 동물이다"라는 말은 후에 세네카에 의해 '인간은 사회적 동물'로 바뀌고 말았지만, 인간이 사회적 그물망 속에 제약받는 존재라는 의식이 드러난 것이다. 시대마다 그런 그물망의 코가 촘촘하고 성긴 것에 따라 그 제약의 강도가 다를 뿐이다.

한 해가 끝날 무렵이면 다음 해의 다이어리가 여기저기서 생긴다. 스마트폰이 없던 시절엔 새 다이어리에 주소록을 옮겨 적는 것이 한 해를 마감하고 새로 시작하는 의식儀式과 같은 것이었지만 이젠 그럴 필요도 없어졌다. 굳이 그런다는 것이 궁상맞을뿐더러 시대에 뒤떨어진다는 생각만 든다. 그렇게 다이어리의 주소를 옮겨 적는 대신에 지난해 말 나는 스마트폰의 전화번호, 카톡 친구들을 정리하였다. 사회적 관계망이 성글어 내가 가진 전화번호가 남들에 비해 적다고 해도 나 역시 살아 움직이는 정치적, 사회적 동물이라 그간 쌓인 것이 수백 개나 되었다. 가족과 친지, 어린 시절이나 학창 시절부터 알던 사람을 제외하고 일 년 이상 연락을 주고받지 않은 연락처를 모두 삭제하였다. 그 일도 주소를 다이어리에 옮겨적는 일 못지않게 시간이 걸렸다. 카톡 친구도 마찬가지였다. 일을 다 마치고 나니 나의 오래 묵은 스마트폰이 한결 가벼워진 느낌이 들었다. 오만 잡가지 쓸데없는 펌웨어와 파일로 가득 찬 컴퓨터의 하드웨어를 지우고 디프라그멘트를 하여 깔끔하게 정리한 기분이었다. 휴대폰 안에 나만의 방이 커진 느낌이었다.

쇼펜하우어에 따르면 모든 사회는 희생을 요구하는데 자신의 개성이 강할수록 희생이 커진다고 한다. 각자가 가진 자신의 가치에 따라 고독을 피하거나 견디며 사랑한다는 것이다. 고독한 상황에 있을 때 하찮은 인간은 자신의 처지만 한탄하게 되고, 위대한 정신의 소유자는 자신이 지닌 정신의 위대함을 느낀다. 사람은 고독 속에서 자기 본연의 모습을 깨닫게 되는 것이다.

사회란 모두 필연적으로 서로 간의 순응과 타협을 요구한다. 그 때문에 사회란 범위가 넓어질수록 무미건조해진다. 인간은 혼자 있을 때만 온전히 그 자신일 수 있다. 그러므로 고독을 사랑하지 않는 자는 자유도 사랑하지 않는 자라고 할 수 있다. 인간은 혼자 있을 때만 자유롭기 때문이다. 강요는 모든 사회에서 뗄 수 없이 붙어 다닌다. 모든 사회는 희생을 요구하는데 자신의 개성이 강할수록 희생이 커진다. 그에 따라 인간은 누구나 자신의 자아의 가치에 정확히 비례해서 고독을 피하거나 견디며, 사랑하는 것이다.

- 《쇼펜하우어의 행복론과 인생론》, 132

사회학자 지그문트 바우만Zygmunt Bauman도 고독 속에서 자신을 찾고 있지 못한 지금의 사회를 고독을 잃어버린 시대라고 단정한다. 항상 접속 중인 사람은 결코 온전하게 혼자일 수 없으며, 혼자가 될 수 없는 사람은 즐거움을 위해 책을 읽고, 자연을 바라보고, 다른 사람의 세계를 상상하기 어렵다. 이런 사람은 주변 사람들과도 소통하기 어렵다. 손쉬운 클릭이나 터치 한 번이면 자신을 반기고 자신이 좋아하는 것들을 얼마든지 불러낼 수 있기 때문이다. 그러니 가장 가까운 가족들과 이야기를 나눌 필요가 있겠는가.

쇼펜하우어는 "우리의 모든 불행은 혼자 있을 수 없다는 데서 생긴다"는 라 브뤼예르La Bruyère의 말을 빌려 사교의 위험성과 고독의 중요성을 강조한다. 극심한 추위가 닥치면 사람들이 서로 모여들어 몸을 따뜻하게 하는 것처럼, 사교란 서로의 마음을 따뜻하게 하는 것이다. 그러나 그 마음의 온기를 충분히 나눈 뒤에는 굳이 무리를 지어 모일 필요가 없다는 것이 쇼펜하우어의 조언이다. 지적으로 뛰

어난 사람일수록 사교의 한계와 고독의 중요성을 잘 알고
있다. 쇼펜하우어는 이 점을 하나의 우화로 남겨놓았다.

어느 추운 겨울날, 고슴도치들은 얼어 죽지 않기 위해 서
로 바짝 달라붙어 한 덩어리가 되어 있었다. 그러나 그들
은 곧 그들의 가시가 서로를 찌르는 것을 느꼈다. 그리하
여 그들은 다시 떨어졌다. 그러자 그들은 추위를 견딜 수
없어 다시 한 덩어리가 되었다. 그러자 가시가 서로를 찔
러 다시 떨어졌다. 이처럼 그들은 두 악惡 사이를 오갔다.
그리하여 마침내 그들은 상대방의 가시를 견딜 수 있는 적
당한 거리를 발견했다.

인간의 공허함과 단조로움으로부터 생겨나는 사교에 대
한 욕구는 인간을 한 덩어리가 되게 한다. 그러나 그들은
불쾌감과 반발심으로 인해 다시 떨어진다. 그리하여 마침
내 그들은 서로 견딜 수 있는 적당한 간격을 발견했다. 그
것이 바로 정중함과 예의이다. 그러므로 그것을 지키지 않
는 사람은 "당신의 거리를 유지하라!"라는 말을 듣게 된다.
그 결과 따뜻해지려는 서로의 욕망은 충족되지 않겠지만

가시에 찔리는 상황은 피할 수 있다.

그러나 내적인 따뜻함이 많은 사람은 다른 사람에게 고통과 괴로움을 주거나 다른 사람으로부터 고통과 괴로움을 받지 않으려고 멀리 떨어져 있기를 좋아한다.

- 《쇼펜하우어의 행복론과 인생론》, 503

적당한 거리 유지. 달리는 자동차도 앞차의 꽁무니를 바짝 쫓아가면 사고 날 위험이 큰 것처럼 사람들의 관계도 거리 두기가 필요하다. 관계망의 그물코가 너무 촘촘하면 웬만한 것들이 빠져나가지 못해 모두 걸려버리기 때문에 나의 스마트폰에 정리되지 않은 전화번호처럼, 쓸데없는 파일로 가득 찬 하드 디스크처럼 어지럽고 복잡한 채로 제 기능을 못 하는 것이다.

고독은 뛰어난 정신을 가진 사람들의 어찌할 수 없는 숙명과도 같다. 이들도 고독을 탄식할 때가 있지만 고독과 사교 중 하나를 택하라고 하면 언제나 고독을 택한다고 쇼펜하우어는 말한다.

나는 지금 나만의 방에 있다. 오랫동안 손대지 않았던

LP장 앞에 서서 판 하나를 꺼낸다. 프랑스의 가수이자 배우인 조르주 무스타키Georges Moustaki. 판을 턴테이블에 올리고 조심스럽게 바늘을 걸었다. 〈나의 고독과 함께〉가 조용히 고독한 내 방 안에 안개처럼 퍼진다.

때때로 나는 나의 고독과 함께

잠을 잤기에

고독은 거의 한 친구처럼

하나의 달콤한 습관처럼 되고 말았네

그래서 고독은 마치 그림자처럼

충실하게 나를 따라다녔지

아니, 나는 결코 외롭지 않아

나의 고독과 함께 있기에

인간의 숙명인
베르터의 슬픔 아닌 고뇌

《허생전》이란 소설을 박지원이 썼다는 것은 잘 몰라도 괴테의 소설 속 주인공 베르터를 모르는 사람은 드물다. 문제는 젊은 베르터가 겪은 것이 슬픔이냐, 아니면 고통 또는 고뇌냐는 것이다. 우리는 독일뿐 아니라 서양 문화의 대부분을 직구도 병행수입도 아닌 중계무역을 통해 수입했다. 그 덕에 여러 가지 병폐의 흔적이 아직도 남아 있는데 대표적인 일본식의 용어와 번역 투가 그것이다. 괴테의 베르터 이름도 그중 하나이다.

베르터는 처음에 베르테르로 소개되었고 그의 고뇌는

슬픔으로 애잔하게 채색되었다. 지금은 적잖은 번역본이 《젊은 베르터의 고뇌》라는 제목을 달고 있지만 이렇게 되기까지는 적지 않은 세월이 걸렸다. 《젊은 베르터의 고뇌》에서 베르터는 약혼자가 있는 로테와의 이룰 수 없는 사랑 때문에 슬퍼한 것이 아니라 자기와 로테와의 관계를 제한한 사회 시스템을 고민하고 괴로워한 것이며, 유럽 신분 사회의 억압을 향해 최소한의 자기권리를 지켜보려 시도한 것이다.

쇼펜하우어가 태어나기 약 15년 전에 이 작품이 발표되었다. 쇼펜하우어는 젊은 시절에 노년의 괴테를 바이마르에서 만나 자신의 박사학위 논문을 보여주었고 색채론에 관해 서로 토론하면서 괴테로부터 많은 도움을 받았다. 괴테의 영향을 많이 받은 쇼펜하우어는 괴테 사망 후 프랑크푸르트에 괴테 기념비를 세우는 일에도 참여한 바 있다.

고뇌란 젊은 베르터에게만 있는 것이 아니라 삶의 기본 속성이라고 쇼펜하우어는 말한다. 그는 그 근본적인 원인을 다소 어렵게 철학적으로 설명한다. 인간의 의지는 하나

로테와 고뇌하는 베르터

의 개체로서 유한하게 나타나는데 그것이 나타나는 공간
과 시간은 무한하기 때문이라는 것이다. 더군다나 무한한
시간이라는 공간 안에서 현재는 인간 스스로에 의해 계속
과거가 되며, 미래는 매우 불확실하다. 그래서 개체의 현
존은 형식적으로 보자면 현재가 죽은 과거로 끊임없이 물
러서는 것, 즉 끊임없이 죽어가는 것이다. 이것을 물리학
적으로 설명하자면 인간은 넘어지는 순간이 끊임없이 저
지되고 있을 뿐이지 확정된 죽음이 무한정 연기되는 것이
아니다.

그런데 의지가 드러나는 본질은 끊임없는 노력인데 이것은 특별한 조건에서는 의지만으로 삶을 유지해야 한다는 소명을 부여받는다. 바로 이런 이유 때문에 노력은 가장 일반적인 토대를 얻게 되고, 그런 노력에 대한 명령에 힘을 부여하는 이유는 인간은 객관화된 삶을 위한 의지 자체, 즉 삶에의 의지가 강하기 때문이다. 이것은 반대로 인간은 모든 존재 가운데 가장 결핍된 존재임을 말하기도 한다.

인간은 철두철미하게 구체적인 의욕이자 욕구이며, 무수한 욕망의 덩어리다. 인간은 이 욕망을 품고 자신의 결핍과 곤궁을 제외한 모든 것을 불확실하게 자기 자신에게 맡기고 지상에서 살아가고 있다. 그에 따라 날마다 새로이 생기는 무거운 요구에 시달리며 자신의 현존을 유지하기 위해 대체로 일평생 걱정하며 살아간다.

— 《쇼펜하우어의 행복론과 인생론》, 55

인간은 의지의 주체이기 때문에 고뇌를 피할 수 없다는

말이다. 모든 사람은 생존 자체를 위해 끊임없이 투쟁하나, 결국엔 그 투쟁에서 지고 만다. 그런데도 힘겨운 투쟁을 계속하는 것은 삶에 대한 사랑보다는 죽음에 대한 두려움 때문이다. 죽음은 인간의 삶 저만치에서 보일 듯 말 듯 버티고 있고, 피하려 해도 피할 수 없다. 그렇다면 인간은 고통이나 고뇌를 어떻게 극복할 수 있는가?

모든 불행과 모든 고뇌를 겪을 때 가장 효과적인 위안은 우리보다 더 불행한 사람들과 비교하는 것이라고 쇼펜하우어는 말한다. 하지만 이것은 누구나 할 수 있는 극히 소극적인 방법에 지나지 않는다. 대기 중에 우리를 누르고 있는 압력이 없으면 신체가 파열하듯이 인간의 삶에 고난, 곤궁, 어려운 일, 실패가 없으면 인간은 오만방자하게 제어할 수 없을 정도로 어리석거나 난폭해질 것이다. 배가 안전하게 운항하도록 바닥에 밸러스트를 싣는 것처럼 사람에게는 어느 정도의 걱정이나 고통, 고난이 필요하다.

고통과 고난은 거의 모든 인간이 평생 짊어지고 가야 하는 삶의 짐이다. 그 무게를 감당할 수 없을 때 우리는 짐을 내려놓고 생을 마감한다.

그러므로 쇼펜하우어는 어떤 사람이 행복했는지는 소극적인 즐거움과 향락을 얼마나 누렸는가가 아닌 적극적 성질을 띤 고통이 얼마나 없었는가로 평가해야 한다고 말한다. 그러면서 그는 이렇게 덧붙인다.

인생이란 어떻게든 끝마쳐야 하는 힘든 과제와 같다. 이러한 의미에서 "나는 인생을 견뎌냈다"는 말은 멋진 표현이다.

- 《쇼펜하우어의 행복론과 인생론》, 266

너는 개념도 없냐?
─스스로 생각하기

'너 그렇게 개념 없이 살아서 어떡할래?' '저 사람은 개념이 없어'. 우리 주변에서 가끔 들을 수 있는 말이다. 여기서 개념은 특정한 사물, 사건이나 상징적인 대상들의 공통된 속성을 추상화, 종합화한 보편적 관념이라는 거창한 학문적인 뜻을 말하지 않는다. 쇼펜하우어가 말한 '스스로 생각하기'가 가장 쉽고 적확한 표현일 것이다.

20세기 독일의 여성 철학자 한나 아렌트Hannah Arendt는 '악의 평범성'에 대한 가장 근본적인 원인을 '스스로 생각하기'에서 찾았다. 사실 평범성이란 표현은 그녀의 주장과 다소 어긋난다. 아렌트가 말한 '악의 평범성'이란 아무런 특징 없는 평범함이 아니라 '하찮고 흔하다'는 의미이다. 악은 아주 특별하고 예외적인 사람들에 의해서가 아니라 어리숙할 정도로 진부하고 평범한 사람들에 의해 저질러질 수 있다는 점에서 평범하다고 말한 것이다. 한 마디로 나이브한 것이다.

그러나 특별함과 평범함의 차이는 두뇌의 영특함에 있는 것이라 아니라 스스로 생각할 수 있는 능력의 차이라는 점이 중요하다.

《예루살렘의 아이히만》에서 아이히만Adolf Eichmann이 히틀러의 명령에 따라 수백만 유대인 학살의 총책임자로 열심히 일했던 것은 바로 그의 머릿속에 개념이란 것, 즉 스스로 생각하고 이로부터 판단할 수 있는 능력이 없었기 때문이다. 그러니까 '스스로 생각하기'가 안 되는 사람은 누구나 아이히만과 같은 사람, 아니면 그보다 더한 악행을 저지를 수 있는 '빌런villain'의 가능성이 잠재해 있는 것이다.

쇼펜하우어는 스스로 생각하는 능력을 키우기 위해서

한나 아렌트(1906~1975)

한나 아렌트(Hannah Arendt)는 독일-유대인 출신의 철학자, 정치이론가이다. 그녀는 인간의 정치적, 윤리적 책임과 가치에 대한 심오한 사고로 유명하다. 아렌트는 20세기의 많은 중요한 사건들을 목격하고 이를 분석하여 많은 중요한 작품들을 썼으며 《인간의 조건》이 대표적이다. 이 책은 공공 공간과 사적 공간 사이의 구분과 정치적 행동의 의미를 다루고 있다. 또한 아렌트는 미국의 유대인 인권 운동에도 관여했으며, 특히 나치 독일에서의 대학살과 전쟁의 끝에서 나타난 반인간주의에 대해 연구하고 이를 비판했다.

는 올바른 독서가 중요하다고 강조한다. 그런데 책을 무조건 많이 읽는다고 해서 사고 능력이 향상되는 것이 아니라 오히려 책 속의 생각에 구속되는 역효과를 염려한다. 이것을 책이 아니라 쉽게 접할 수 있는 유튜브와 인스타 같은 매체의 정보와 비교해보면 이해될 수 있다. 하나의 분야에 대한 너무 많고 자세한 정보는 확증편향을 일으켜 스스로 생각하는 능력을 마비시켜 버리기까지 한다. 쇼펜하우어는 이 점을 미리 경고했다.

스스로 사고하기가 정신에 미치는 영향과 독서가 정신에 미치는 영향 사이에는 믿기지 않을 만큼 차이가 있다. 사람마다 원래 두뇌의 차이가 있어서, 어떤 사람은 독자적 사고에, 어떤 사람은 독서에 끌리는데, 그 차이 때문에 두 가지가 정신에 미치는 영향은 끊임없이 커진다. 다시 말해 독서는 우리가 순간적으로 갖는 정신의 방향이나 기분, 너무나 낯설거나 이질적인 사고를 마치 도장 찍듯 정신에 강요한다. 이때 정신은 전혀 그러고 싶은 충동이 없고 기분이 나지 않는데도 때로는 이것을 때로는 저것을 생각하도록 외부로부터 심하게 강요당한다.

반면에 독자적 사고를 하는 경우 정신은 순간적으로는 외부의 환경이나 어떤 기억에 좀 더 좌우된다 해도 자기 자신의 충동을 따른다. 다시 말해 구체적인 환경은 독서와 달리 어떤 특정한 사고를 정신에 강요하는 것이 아니라, 단순히 자신의 천성과 그때의 기분에 맞는 것을 생각하도록 소재와 계기를 제공해 줄 뿐이다.

－《쇼펜하우어의 행복론과 인생론》, 338

쇼펜하우어를 독서 무용론자로 이해할 수 있을 것이다. 그러나 쇼펜하우어처럼 책을 많이 읽은 사람도 드물다. 그러기 때문에 쇼펜하우어는 저술에서 자신이 읽은 책들을 수없이 인용해가면서 자기의 주장을 뒷받침하고 근거로 삼았다. 내 생각으로는 쇼펜하우어가 '크세주Que sais je?' 즉 '내가 아는 것은 무엇인가?'라는 문제로부터 시작하여 방대한 책을 읽은 후 《에세》라는 책을 남긴 몽테뉴Montaigne 이후 가장 뛰어난 인용의 대가이다.

그러나 쇼펜하우어는 독서와 스스로 생각하기를 절대 구분한다. 책을 많이 읽는다고 해서 스스로 생각하는 능력이 상대적으로 커진다는 생각은 잘못이라는 것이다. 이것은 사실 쇼펜하우어가 당대의 지식을 비판하기 위한 것이기도 하다. 그는 "학자란 책을 많은 읽은 자들이지만 사상가, 천재, 세상 사람을 깨우쳐 주는 자, 인류의 후원자는 직접 세상이라는 책을 읽은 사람을 말한다"고 일갈한다. 한마디로 책 몇 권 읽고 세상을 다 아는 것처럼 깝죽대지 말라는 것이다. 왜냐면 잘못된 독서로 얻은 남의 생각은 남이 먹다 남긴 음식이나 남이 입다가 버린 옷에 불과하기 때문이다. 그러니 쇼펜하우어는 이렇게 말한다.

우리의 마음속에서 일어나는 자신의 생각과 책에서 읽은 남의 생각의 관계는 마치 봄에 꽃이 피어나는 식물과 돌멩이 속에 든 태곳적 식물의 화석의 관계와도 같다.

- 《쇼펜하우어의 행복론과 인생론》, 339

꾀죄죄하지 않은
꼰대로 살기

　젊은 세대들이 선생이나 늙은이를 이르는 은어인 '꼰대'는 이제 학생들 사이에서만 쓰이지 않는다. 기성세대가 자주 쓰는 '나 때는 말이야'를 코믹하게 표현한 '라떼는 말이야'라는 유행어는 꼰대만 이르는 것이 아니라 젊음과 늙음, 새것과 낡은 것, 빠름과 느림을 가늠하는 기준이 되었다. 쇼펜하우어는《소품과 부록》의 〈삶의 지혜를 위한 아포리즘〉에서 곱게 나이 드는 법에 대해 논하고 있다. 어떻게 하면 '저 사람은 참 곱게 늙었다'라는 말을 들을 수 있느냐는 것이다.

나이 든 사람에 대해 우리는 늙은이, 노인이란 말조차 조심스러워하고 어르신이란 말을 사용하지만 나는 이 말에 적지 않은 부담감을 느끼며 마음에도 들지 않는다. 어른이란 말의 높임말인 어르신이란 표현에는 이미 그 말을 하는 상대방이 나이 듦에 대한 존경심보다는 '당신은 나보다 어른인데 이제 그 어른 값을 하거나 아니면 어른이니까 한걸음 뒤로 물러나 점잖게 굴라'는 뜻으로 들리기 때문이다. 그러니까 어르신은 어르신답게, 아니면 가만히 있으라는 의도 아닌 의도도 담겨있다고 봐야 한다.

쇼펜하우어는 나이 듦의 중요성을 볼테르의 말로 시작한다.

> 나이에 걸맞은 정신을 갖지 못한 자는
> 그 나이에 온갖 불행을 당한다.
>
> - 볼테르, 《샤틀레 부인에게 보내는 스탕스》 3, 3 이하

늙어감에 따라 더욱 심오한 정신을 갈고 닦지 않으면 젊었을 적보다 더 고통스럽게 살 수밖에 없다는 경고이다.

어린 시절이 행복한 이유는 어린아이는 무엇을 '하고자 함', 즉 의지보다는 무엇을 알고자 하는 인식 욕구가 강하기 때문이다. 그러나 청년이 되면 인생에서 행복을 잡아야 한다는 확고한 전제를 바탕으로 행복만을 추구하기 때문에 슬프고 불행하다. 이로 인해 끊임없이 환멸이 생기고 불만이 일어난다. 막연히 꿈꾸었던 행복은 눈앞의 그림자로만 어른거리고 그것의 본 모습은 나타나지 않는다.

청년기는 어린 시절의 알고자 하는 인식 욕구보다는 '하고자 함'의 충족 욕구가 커지기 때문에 대체로 불만족스러워하고 급기야는 그 원인을 환경 탓으로 돌린다. 애초에 인생이란 그다지 충만하고 윤택하지 않고 공허하고 궁색한데 말이다. 젊은 시절은 채울 수 없는 행복을 향한 동경이라면, 노년기에는 행복이란 한낱 환영에 지나지 않음을 깨닫고 오히려 그저 불행이 닥치질 않기를 걱정한다.

행복은 신기루와 같은 것이고 현실은 고통의 바다이기에 충족과 향락보다는 부족하더라도 고통이 없는 평안을 추구하는 편이 낫다. 쇼펜하우어는 젊은 시절에 초인종이

울리면 뭔가 좋은 일이 있나 보다 하고 반가웠지만 늙어서는 뭔가 안 좋은 일이 있으려나? 하는 두려운 감정을 느낀다고 했다. 탁월하고 재능있는 사람은 대체로 복잡한 속세와 거리를 두고 산다.

청년기에는 자주 인간 세계에서 버림받은 느낌을 받는다. 반면에 노년기에는 인간 세계에서 벗어난 느낌을 받는다. 전자의 불쾌한 느낌은 인간 세계를 잘 모르는 데 기인하고, 후자의 유쾌한 느낌은 인간 세계를 잘 아는 데 기인한다. 그 결과 인생의 후반기에는 음악 악절의 후반부와 마찬가지로 노력이 덜해지고 인생의 전반기에 비해 안주하려는 경향이 강해진다. 이러한 사실은 청년기에는 세상에서 대단한 행복이나 향락을 접할 수 있지만 그것에 도달하기가 어렵다고 생각하는 반면에, 노년기에는 세상에서 아무것도 얻을 수 없음을 알고 그러한 통찰에 완전히 안주해서 그럭저럭 견딜 만한 현재를 즐기며, 심지어 하찮은 일에서도 기쁨을 느끼는 데서 기인한다.

- 《쇼펜하우어의 행복론과 인생론》, 199

청년기에는 사람들로부터 버림받은 느낌을 자주 받지만, 노년이 되면 사람들에게서 벗어난 느낌이 일어야 한다. 청년기의 버림받은 감정은 인간 세계를 깊이 있게 파악하지 못한 데 있고, 노년기의 홀로 있음에 대한 유쾌함은 인간 세계를 다양하게 경험하여 잘 알고 있기 때문이다. 그러기 때문에 '라떼는 말이야' 하며 자꾸 인간 세계에 끼어들고, 뒤로 한 걸음 물러설 줄 모르는 노년은 꼰대가 되고 마는 것이다.

청년은 관찰하고
노년은 사고하라

노년기가 처량한 것은 생각이 자유롭지 못해 명상적이거나 관조적 삶을 살지 못하기 때문이다. 젊은 시절의 향락이나 욕구를 맛볼 수 없다고 노년을 탄식할 것이 아니다. 플라톤은 백발의 노년이 되면 그때까지 우리를 끊임없이 괴롭혀 오던 성욕을 벗어나게 되어 행복하다고 했다. 그러나 이 말은 플라톤의 워딩wording이 아니라 플라톤의 《국가》에서 소크라테스와 케팔로스 간의 대화 중에 소포클레스Sophocles의 말을 옮겨놓은 것이다.

케팔로스*는 옛말이 틀린 게 아니라면서 노년에 든 사람들 대부분이 젊은 시절의 즐거움을 그리워하고 연애와 술, 축제 같은 향락을 회상하다 마침내 엄청난 것을 박탈이라도 당한 듯 화를 내면서 한탄한다고 말한다. 그리고 사는 게 사는 거 같지 않다며 괄시받고 불행한 삶을 나이 탓으로 돌린다고 말한다.

그러나 그가 소포클레스를 만나 "당신의 성생활은 어떤가요?"라고 물었더니 소포클레스는 그런 말 같지 않은 소리는 꺼내지도 말라며 성욕에서 벗어나니 얼마나 기쁜지 마치 포악한 주인으로부터 해방된 느낌이라고 대답한다. 가족 관계에서도 마찬가지이다.

됨됨이가 반듯하고 작은 것에도 만족할 줄 아는 사람은 노년의 삶도 충분히 견딜 만하고 그렇지 못한 사람은 늙어

케팔로스

케팔로스(기원전 430년 사망). 시라쿠사 출신으로 아테네 성 밖에서 산 거류민이다. 아테네로 와서 30년 동안 방패 제조공장을 운영하여 큰돈을 번 사업가이기도 하다. 플라톤의 《국가》에 나오는 모든 대화는 그의 집에서 이루어지고, 그는 이 대화의 단초를 제공한다. 폴레마르코스, 시시아스, 에우티데모스는 그의 아들들이다. 아들 중에서 폴레마르코스만 직접 대화에 참여한다.

서 힘든 게 아니라 젊었을 때도 힘들었을 것이라고 케팔로스는 말한다.

노년이 되어서야 인생의 전체와 그것의 자연스러운 경과를 알 수 있고, 청년과 달리 들어가는 문 앞에서뿐만 아니라 출구를 빠져나와 인생의 무상함을 인식함으로써 어떻게 살아야 삶이 균형을 잃지 않고 드러나는지를 알게 된다. 청년기에는 아이디어가 많아 적은 지식으로도 많은 것을 만들어낼 수 있는 능력이 있다.

그러나 노년기에는 판단력, 투철함, 철저함이 뛰어나야 노년답다고 쇼펜하우어는 말한다. 대부분의 뛰어난 문필가들이 쉰 살을 전후로, 하늘의 뜻을 알게 되는 지천명의 나이에 걸작을 쓰게 되는 것도 젊은 시절에 모은 지식을 독자적인 인식으로 해석하고 독창적인 견해와 정신을 불어넣을 수 있는 능력이 연륜과 함께 쌓였기 때문이다. 쇼펜하우어는 이것을 이렇게 표현했다.

우리 인생의 첫 40년은 본문을 제공하고, 그다음 30년은 그것에 대한 주석의 성격을 지닌다. 이 주석은 본문에 들어있는 도덕과 온갖 미묘한 맛 말고도 본문의 참된 의미와 맥락을 제대로 이해하는 법을 가르친다.

－《쇼펜하우어의 행복론과 인생론》, 209

그러니 '언젠가 가겠지, 푸르른 내 청춘' 하며 가는 청춘이 아쉬운 나머지 '노세 노세 젊어서 노세'를 외쳤던 사람은 본문을 해설할 수 있는 능력을 얻지 못한다.

그러기 때문에 그런 삶을 산 사람은 노년이 되어 더욱 로봇처럼 된다고 쇼펜하우어는 지적한다. 이들은 항상 같은 것을 생각하고 같은 것을 말하고 행한다. 외부로부터 어떤 인상을 받아도 이 점은 변하지 않고 어떤 새로운 것을 불러일으키지도 못한다. 그러니 끊임없이 "라떼는 말이야"를 반복하는 꼰대가 되고 만다. 이런 사람을 일컬어 쇼펜하우어는 '살아있는 해골'로 살 뿐이라고 말한다. 쇼펜하우어는 그러한 인생의 끝을 가장무도회의 끝과 같다고 말한다.

인생의 끝 무렵은 가면을 벗는 가장무도회의 끝 무렵과 같다. 자신이 살아오면서 접촉해 온 사람들이 실제로 어떤 사람인지 드러난다. 성격이 백일하에 드러나고, 행위가 결실을 맺고, 그동안 거둔 성과가 정당한 평가를 받으며, 온갖 환영이 붕괴하기 때문이다. 다시 말해 이 모든 일이 일어나기까지 시간이 필요했던 것이다.

- 《쇼펜하우어의 행복론과 인생론》, 209

인생의 끝 무렵이면, 가면을 벗고 사람들 앞에 선 나를 보고 사람들이 놀라지 않아야 한다. 그러나 가면을 벗기 두려워하는 사람은 가면 위에 또 다른 가면을 쓰고 결국엔 스스로가 가면의 무게를 감당하지 못해 쓰러지게 된다.

위험한
중·꺾·마

우리 사회는 자고 일어나면 신조어가 생겨난다. 봇물 터지듯 쏟아져 나오는 신조어를 다 익히고 활용하기엔 개인과 세대에 따라 다르겠지만 나는 이젠 따라가기가 벅차다. 신조어의 활발한 생산은 사회의 역동성을 보여준다. 그러나 그만큼 사회가 유동적이고 불확실성에 휩싸여 있다는 반증이기도 하다. 졌지만 그래도 잘 싸웠다는 '졌잘싸', AI 시대임에도 민족주의를 강조하는 '국뽕', 자기만의 고유한 셈법을 말하는 '뇌피셜', 그리고 대한민국의 가장 큰 고민거리인 '내로남불'… 셀 수 없이 많다.

그 가운데에 내가 주목하고 싶은 것은 '중·꺾·마'이다. 중요한 것은 꺾이지 않는 마음. 결연한 의지를 강조하는 우리의 의지 이데아를 딱 세 마디의 말에 담고 있으니 얼마나 훌륭한가.

그러나 그 꺾이지 않음이 스스로 불행과 고통을 불러올 수도 있다는 위험성을 간과하고 있다. 독야청청獨也淸淸 소나무의 지조와 직절허심直節虛心 대나무의 절개와 같은 옛 선비의 가치는 계급의 해체와 자본주의의 발전 속에서 뒤로 물러난 지 이미 오래전 일이다. 그럼에도 불구하고 꺾이지 않는 마음이 중요하다 하니 이러한 사회적 심리는 도대체 무엇인가? 노력의 대가에 연연하지 말고 끝까지 초지일관하라는 격려와 위로로 받아들이면 그만일까?

쇼펜하우어가 본다면 중·꺾·마는 그나마 욕망에서 벗어나려는 인간을 더한층 욕망의 굴레 안에 가둬두려는 사회적 불안 증상이라고 할 것이다. 그리고 쇼펜하우어는 이것을 극복하는 방법이 삶에의 의지를 부정하는 것이라고 말한다. 살려는 의지를 부정하라니? 얼핏 듣기에 삶을 포기하고 되는대로 살란 말인가? 그러나 쇼펜하우어의 삶에의 의지 부정은 그의 철학의 가장 기본이다.

삶에의 의지의 부정이란 어떤 실체를 없애 버리겠다는 말이 아니라 단순히 의욕하지 않는 행위, 다시 말해 지금까지 **의욕해 온 것**을 더 이상 **의욕**하지 않음을 말한다. 우리는 이러한 본질, 사물 자체인 의지를 의욕하는 행위 속에서, 의욕하는 행위를 통해 알고 있으므로 이러한 행위를 중단한 뒤 그 의욕이 계속해서 무엇이 되거나 무엇을 행하는지 말하거나 파악할 능력이 없다. 그 때문에 의욕의 현상인 우리에게는 의지의 부정이 무無로 넘어가는 과정으로 인식된다.

- 《쇼펜하우어의 행복론과 인생론》, 282

쇼펜하우어는 모든 생명체가 끊임없는 갈망과의 투쟁 속에서 살아가며, 이 때문에 본질적인 고통이 수반된다고 보았다. 그러나 인간의 욕망은 절대로 완전히 충족될 수 없으며, 충족되지 않은 욕망은 고통을, 충족된 욕망은 새로운 욕망을 낳아 고통이 지속된다. 욕망을 자극하는 의지는 인식이 없으며, 맹목적이고 제어할 수 없는 충동에 불과하다. 그러한 삶에의 의지가 영원한 고통의 순환을 만든다는 게 쇼펜하우어의 주장이다.

요즘 식으로 말해 내려놓지 않으면, 마음을 비우지 않으면 행복은 순간적이고 불행은 끊임없이 찾아온다는 것이다. 오히려 불행이 나를 찾아오는 것이 아니라 내가 불행을 끊임없이 쫓아다닌다는 것이 더 옳은 표현이다. 이러한 삶의 굴레에서 벗어나기 위한 방법이 바로 그 의지를 부정하는 것이다. 쇼펜하우어는 이를 통해 고통으로부터 해방되고 구원을 찾을 수 있다고 보았다. 그리고 몇 가지 구체적인 방법을 제시한다.

첫째가 금욕이다. 욕망을 억제하고 최소한 필요한 것만을 충족시키며 사는 삶이다. 미니멀리즘의 삶이 여기에 맞을 것이다.

둘째는 예술을 가까이하는 삶이다. 예술은 삶에의 의지에 의해 지배당하지 않기 때문에 예술 작품의 감상 행위는 인간의 일상적인 욕망과 고통에서 벗어나 순수한 관조의 상태에 도달할 수 있다.

셋째는 동정심과 배려심을 갖으라는 것이다. 여기서 동

정심은 독일어 'Mitleid'인데 젊은 베르터의 고뇌가 'Leid'였다면 그의 고뇌를 '함께Mit' 하라는 것이다. 우리에겐 동정심 하면 불쌍하고 가난한 자에게 베푸는 선심 정도로 여기는 경우가 많은데, 그런 소극적인 태도가 아니라 아픔을 겪는 사람과 적극적으로 마음을 함께 나누라는 것이다. 연민이나 동정이란 말보다는 동고同苦 또는 공감이 훨씬 타당한 말일 것이다. 타인의 고통을 덜어주려는 행위를 통해 자신의 욕망을 넘어서는 것, 쉬운 예로 봉사나 기부를 통해 자신의 욕망을 채우는 것보다 더 큰 행복을 느끼는 것이다.

마지막은 천박하지 않은 고급진 삶이다. 고급지다는 것은 물론 물질적인 것이 아니라 정신적인 것을 말한다. 깊은 명상과 철학적 성찰을 통해 의지의 본질을 이해하고, 의지의 부작용을 막을 수 있고, 그것의 노예처럼 끌려다니지 않으며 궁극적인 평온에 도달할 수 있다는 것이다.

쇼펜하우어는 세계의 본질은 삶에의 의지이고 인간은 신체를 통해 그 의지를 알 수 있다고 한다. 신체는 눈에 보이지 않는 인간의 욕망을 객관적으로 드러내는 하나의 표상 기관이다.

그런데 욕망은 인간의 의식과 무관하게 생겨나는 경우가 많다. 인간의 기본적인 식욕, 수면욕, 성욕이 바로 그렇다. 인간은 뇌를 통하여 일부의 욕망을 통제할 수 있는데 인간의 정신과 이성도 욕망을 발현시키는 도구에 불과하다. 인간은 기계적으로 자기복제를 통해 생존해왔는데 이것을 가능하게 한 딱 한 가지 이유는 인간의 통제할 수 없는 성적 욕망 때문이다.

그러나 우리는 그 욕망도 통제는 아니더라도 어느 정도 절제할 수 있다고 믿는다. 그 믿음을 저버리거나 벗어난 사람은 인간 사회로부터 배제시킨다는 사회 규범을 전제로 말이다. 하지만 규범이 엄하면 엄할수록 욕망이 계층화된 불평등 사회가 되고 만다.

지금 우리가 살고 있는 사회를 '피로사회'라고 진단한 한 학자는 그 원인을 중·꺾·마에서 찾았다. '너는 뭐든지 할 수 있다You can do anything'는 꺾이지 않는 마음이 자신을 힘들고 지치게 만들며 스스로를 억압하고 있다는 것이다.

중세엔 페스트, 근대는 천연두, 콜레라, 말라리아 그리고 현대에 들어서 스페인 독감과 코로나와 같은 시대마다 고유한 질병이 있었다면 긍정성 과잉, 성과주의, 자기착취는 지금 시대의 질병이다. 수행능력평가는 고3만 받고 끝나는 것이 아니라 우리는 죽을 때까지 그 시험을 반복해서 치르고 있는 것이다. 그 고달픔에 대한 자기 위안은 겨우 소확행에 지나지 않는다. 작지만 확실한 행복….

삶에의 의지가 강한 청년은 이것을 육체적인 힘으로 감당할 수 있지만, 노년은 그렇지 못하다. 청년은 중·꺾·마로 채우지 못한 욕망을 위로받거나 그것을 채워버리고 말겠다는 의지의 표상을 위해 감당할 수 있다. 그러나 노년은 그러면 그럴수록 자기 인생의 본문만 늘어날 뿐 그것에 대한 해설은커녕 매듭을 짓지 못한다.

나이가 들어감에 따라 기력이 떨어지는 것은 슬프긴 하지만 필연적으로 고마운 일이기도 하다. 죽음에 대한 준비 작업으로 볼 수 있는 이 현상이 일어나지 않으면 죽음은 너무나 힘들어질 것이다.

이제는 중·꺾·마를 써놓고 중요한 것은 꺾이지 않는 마음이 아니라, 중요한 것은 꺾는 마음으로 읽어야 할 것이다. 그럼으로써 인간은 욕망이란 바다에서 표류하며 겪는 고통을 조금이나마 일찍 끝낼 수 있으며, 저 사람은 꼰대라는 말 대신에 저 사람은 참 곱게 늙었단 말을 듣게 될 것이고, 별일 없이 오래 살 것이다.

닐 아드미라리
nil admirari

'닐 아드미라리'는 라틴어로 '어떤 것에도 놀라워하지 않는다'는 뜻이다. 이는 쇼펜하우어의 철학에서 중요한 개념 중 하나이다. 쇼펜하우어는 인간이 세상에 대해 무신경하고 무관심한 태도를 보여야 한다고 믿었다. 그는 욕망과 욕구를 억제하고, 외부 세계에 대한 열광이나 경탄을 버리는 것이 내면의 평정과 안정을 찾는 데에 중요하다고 보았다.

닐 아드미라리는 또한 지식의 성취와 낙담을 피하려고 사용되기도 한다. 즉 모든 것에, 어떤 일에도 크게 놀라지 않는다는 것은 지적인 균형을 유지하고, 과도한 감정이나 열정에 사로잡히지 않는 것을 의미한다. 이것이 쇼펜하우어의 평정심이다. 그는 인간이 너무 많은 것에 열광하거나 놀라워하지 않고, 오히려 내면의 조화와 평화를 추구해야 한다고 믿었다.

그러나 우리의 현실은 어떠한가? 문일지십聞一知十이 본래 그런 뜻은 아니었지만 하나를 알고도 열을 아는 척해야 관심을 받고, 그런 것을 의도적으로 추구하는 관종이 각광받는 사회가 되었다.

내가 어렸을 때 보았던 《리더스 다이제스트》란 영어판 잡지가 있었다. 대중의 관심사를 모아 소화하기 쉽게 말 그대로 다이제스트한 글들을 실은 잡지였다. 판형도 작았고 볼륨도 얇았기 때문에 들고 다니며 읽기에도 제격이었다. 그 책을 읽고 나면 나는 새로운 사실을 또 많이 알게 되었구나 하며 뿌듯했다.

이제 페이퍼북의 시대는 뒷전으로 밀려나 인터넷을 통해 거의 모든 정보를 주고받고 소통한다. 특히 유튜브와 페이스북, 틱톡, 인스타와 같은 sns는 지구를 가득 채우고도 남을 양의 정보를 쏟아낸다. 그리고 사람들은 제각기 자기 취향에 맞거나 자기 욕구와 욕망을 대신 채울 수 있는 콘텐츠에 열광한다.

여기에는 쇼펜하우어 시대의 청년과 노년의 구분도 없다. 그러면서 사람들은 각각의 생각을 편향적으로 확증하고, 같은 확증을 가진 사람들끼리 모여 무적의 결사 단체를 만든다. 그들의 기본 특징은 '신과 함께한다entheos'는 열광주의enthuasiam를 넘어 광신주의fanaticism 모습까지 드러내기도 한다.

호라티우스*가 말했듯 쇼펜하우어도 만년이 되어서야 "욕구와 두려움에 대해 평정을 잃지 않는다"라고 말한다. 어떤 것에도 극도로 경탄하거나 두려워할 필요가 없다는 것이다.

다시 말해 그때가 되어야 온갖 세상사의 공허함과 온갖 영화의 덧없음을 직접 솔직하고 굳게 확신한다. 환영이 사라지는 것이다. 노인은 (…) 본질적으로 어디서나 누릴 수

있는 행복보다 더 큰 행복이 있으리라는 망상을 더이상 품
지 않는다.

- 《쇼펜하우어의 행복론과 인생론》, 212

호라티우스(B.C. 65~8)

호라티우스Horatius, 본명 퀸투스 호라티우스 플라쿠스Quintus Horatius
Flaccus는 로마 시대의 유명한 라틴 시인이자 작가이다. 그의 작품은 로마
문학의 거장 중 하나로 손꼽힌다. 호라티우스의 가장 유명한 작품은 《오드
Odes》라고 불리는 시집이다. 오드는 여러 가지 주제를 다루는 시로, 그의 생
각과 감정을 표현하는 데 사용되었다. 호라티우스는 오드를 통해 사랑, 우정,
삶의 가치 등 다양한 주제에 대해 심오한 사고를 전하며, 그의 시는 훌륭한
예술적 표현력과 철학적 내용으로 유명하다. 호라티우스의 작품은 그의 풍
자와 유머, 그리고 지적인 사고로 가득 차 있고. 그의 문체는 간결하고 명료
하다.

노년은 세속의 잣대에 따른 크고 작은 것, 귀하고 천한 것의 차이를 더이상 두지 않는다. 노인은 여러 번의 환멸을 경험했기에 인생을 겉만 번지르르한 물건으로 아무리 요란하게 꾸며도 가소롭게 보인다. 왜냐면 사는 것의 참된 가치란 향락이나 부귀영화를 누렸느냐가 아니라 고통이 얼마나 없느냐로 평가할 수 있기 때문이다.

진땀을 흘려가며 매운 음식을 즐기고, '단짠단짠'을 노래 부르다 마침내 개심심한 맛에 익숙해지는 것, 이것이 바로 올바른 늙어감이고, 닐 아드미라리의 경지에 이르는 것이다.

무엇이 '학이시습'이고
무엇이 '불역열호'인가

　학이시습지學而時習之 불역열호아不亦悅乎乎. 논어의 첫 문장이다. 내가 자주 찾는 도서관에서도 많은 사람들이 학이시습을 하고 있다. 그러나 그들 모두가 불역열호할까?

　31개의 장과 몇 편의 시로 구성된《소품과 부록》2권은 쇼펜하우어의 학문적 관심보다는 종교, 삶의 가치, 자살, 자기계발, 독서와 글쓰기, 여성과 교육과 같은 사회적 이슈를 다루고 있다. 그 가운데 하나가 교육과 학자에 관한 쇼펜하우어의 쇼펜하우어다운 비판적 입장이다. 그리고 기본 입장은 쇼펜하우어보다 훨씬 앞서 살았던 공자의 공부론과 같다고 볼 수 있다. 배움이란 쉼도 끝도 없는 것이고 기쁨과 즐거움이 있어야 한다는 것이다.

쇼펜하우어는 그 시절 상류층 자제들이 그랬듯이 어린 시절엔 가정교사로부터 교육받았고 프랑스와 영국에서 자유롭게 수학했다. 그리고 처음엔 아버지의 가업을 이어받으려 했으나 불의의 사고로 아버지가 돌아가시자 진로를 바꾸어 고타의 김나지움에 입학하고 괴팅엔대학교 의학부를 거쳐 베를린훔볼트대학에서 공부를 마친다.

베를린훔볼트대학은 프리드리히 빌헬름 3세에 의해 1810년에 설립되었다. 그러나 실질적 설립자는 교육 혁신가 벨헬름 폰 훔볼트이며 종교 및 사상의 자유, 인권, 교육의 중요성 등을 강조했다. 훔볼트의 교육 목적은 자유로운 학문과 자기계발이었고, 그 이념에 따라 '교육의 자유'를 추구하는 대학을 건립했다.

훔볼트대학은 19세기 초기에 유럽에서 가장 혁신적이고 유명한 대학 중 하나로 자리매김한다. 많은 유럽의 귀족들과 지식인이 이 대학에서 교육을 받기 위해 베를린으로 모였고, 훔볼트대학은 세계적으로 유명한 학자들과 연구자

베를린훔볼트대학 본관 중앙계단 벽에 있는 마르크스의 글. '철학자는 다양한 세계를 해석만 해왔을 뿐이지만 세계를 바꾸는 것이 중요하다'라고 적혀 있다.

들을 배출하며 독일의 학문적 중심지로 발전한다.

쇼펜하우어가 훔볼트대학에 입학한 해가 1811년이니 우리로 치자면 훔볼트대학 2회 졸업생인 셈이다. 훔볼트대학 홈페이지에 올라온 그의 기록을 보면 ID 16711, 직위는 교수, 1811년부터 1813년까지 피히테에게 배웠으며 1813년 예나대학에서 박사학위를 받은 것으로 나와 있다. 훔볼트대학을 다니고 예나대학에서 학위를 받은 것이 우리에겐 의아하겠지만 독일은 아직도 이것이 가능하다. 다만 쇼펜하우어가 굳이 예나대학에서 학위를 받은 것은 훔볼트대학 철학과 교수들과의 관계가 껄끄러웠음을 말해준다.

쇼펜하우어가 훔볼트대학 강단에 선 것은 1820년이었다. 쇼펜하우어는 바로 그해에 하빌리타치온(독일의 교수자격논문시험)을 마칠 수 있었기 때문에 정식교수가 아닌 강사 자격으로 강단에 설 수 있었던 것이다. 그러나 그는 1832년까지 훔볼트대학에 적을 두었지만 1822년부터 1826년까지는 강의를 하지 않았다. 그리고 베를린에 콜레라가 창궐한 1831년 베를린을 영원히 떠난다.

대학으로부터 자유의 몸이 된 쇼펜하우어는 독일, 정확히 말하면 엄격한 규율과 관념에 사로잡힌 프로이센의 국가 사상, 교육철학에 대해 맹렬히 비판한다. 만약 쇼펜하우어가 훔볼트대학의 정교수에 연연하여 교수직을 계속했더라면 오늘날의 쇼펜하우어는 전혀 다른 사람이 되어 있었을 것이다.

쇼펜하우어는 〈박식함과 학자에 대하여〉에서 독일 학자의 연구와 학생들의 교육문제를 다룬다. 그는 독일의 수 많은 교수와 학생들이 인류에게 통찰과 지혜를 가져다주는 것이 중요하다는 것을 알고 있으면서도 실제로는 그러지 않고 "돈을 벌기 위해 가르치고 배운다"라며 독설을 내뱉는다.

나이 불문하고 온갖 부류의 대학생과 대학 교육을 받은 자는 대체로 지식을 얻으려 하지 통찰을 얻으려 하지 않는다. 그들은 온갖 암석이나 식물, 온갖 전투나 실험에 관해, 그리고 온갖 책에 관한 모든 지식을 얻는 것을 명예로 삼는다. (…) 많이 아는 체하는 사람들의 인상적인 박식함을 접하면 나는 이따금 이렇게 중얼거린다. 저렇게도 읽은 책이 많은데 생각은 그렇게도 하지 않다니!

- 《쇼펜하우어의 행복론과 인생론》, 326

교수는 지혜라는 겉모습만 가지고 인기를 추구하고, 학생은 지식과 통찰이 아니라 떠벌이고 명성을 얻기 위해 배운다는 것이다. "빵을 얻기 위한 학문은 고려조차 하지 않는" 쇼펜하우어는 개요만 간추려서 매우 신속히 흡수한 지식의 결과를 가지고 현명한 체하는 교수와 학생을 비난한다. 여기에는 지식의 많고 적음과 상관없이 통찰력이 결여돼 있기 때문이다. 앞에서 말한 예루살렘의 아이히만의 문제도 지식이 아닌 통찰력의 결여에서 일어난 것이다.

쇼펜하우어는 학문은 수단이 아닌 목적이며 학자는 학문 이외의 모든 것, 생존조차도 학문을 위한 단순한 수단으로 삼아야 한다고 결연하게 말한다. 그리고 학자와 딜레탕트dilettante, 즉 애호가를 철저히 구분하지 않으면 학문의 영역은 혼탁해질 수밖에 없다고 주장한다. 자신의 명성과 권력만을 추구하는 학자가 지배하는 국가에서 유일한 합의는 그들보다 탁월한 학자가 등장하지 못하도록 한다는 것이다. 쇼펜하우어는 멕시코를 예로 들면서 그런 국가는 결국 망할 수밖에 없음을 지적한다.

학자 공화국에서는 대체로 멕시코 공화국에서와 같은 일이 벌어진다. 멕시코 공화국에서는 각자 자신의 이득만 생각하고, 자신을 위한 명성과 권력을 추구하며, 전체에는 전혀 신경 쓰지 않다가 망하고 만다. 이와 마찬가지로 학

자 공화국에서는 각자 명성을 얻기 위해 자신만 인정하려
한다. 그들 모두가 의견 일치를 보는 유일한 방법은 정말
로 탁월한 사람이 등장하지 않도록 하는 것이다. 그런 사
람이 나타나면 그들 모두에게 위험해질 것이기 때문이다.
학문의 전체 사정이 그렇다는 것은 쉽게 간파할 수 있다.

- 《쇼펜하우어의 행복론과 인생론》, 330

그러나 쇼펜하우어가 멕시코의 학자들을 빗대어 정작
공격하고 싶었던 사람은 프로이센을 주름잡았던 피히테,
셸링, 헤겔과 같은 교수들이었다. 이들은 프로이센의 국가
주의 아래 교육개혁을 시도하고 새로운 교육시스템을 도
입했지만, 시대를 앞서갔던 쇼펜하우어의 눈에는 그것이
머지않아 "철학자는 세계를 해석하는 것이 아니라, 세계를
바꾸어야 한다"는 마르크스의 주장으로 결말이 날 것을 예
견했던 것이다.

쇼펜하우어가 신랄하게 비판한 "피히테, 셸링, 헤겔의
엉터리 학문의 도깨비불"은 결국 1933년 5월 베를린대학
교 법대 광장 앞에서 커다란 불꽃으로 활활 타올랐다. 바

1933년 5월 10일 분서 사건 기념 동판. '인간이 책을 태우는 곳에서는 마침내 인간을 불태울 것이다'란 문구가 적혀 있다.

로 나치가 저지른 분서 사건이었다. 지금도 법대 광장 한편의 바닥에는 이를 기념하는 동판이 남아 있고 거기엔 시인 하이네의 이런 문구가 적혀 있다.

인간이 책을 태우는 곳에서는
마침내 인간을 불태울 것이다.

서툰 실험,
그러나 결과가 없는

자살을 의미하는 영어 'suicide'는 라틴어 'sui'와 'caedere'의 합성어이다. 'sui'는 자신을, 'caedere'는 죽이다, 베다를 의미한다. 독일어로는 이것을 'selbstmord', '자기 죽임'으로 옮겨놓았다. 그것이 우리 말로는 자살이다.

쇼펜하우어를 극단적 염세주의자로 이해한 사람은 쇼펜하우어가 세상을 지옥과 같은 최악의 상태로 보았기 때문에 인생은 고통이 따를 수밖에 없고 그 해결방법의 하나로 자살에 동조했다고 주장한다. 그러나 이것은 쇼펜하우어를 잘 알지 못하고 하는 말이다. 아마도 이런 견해는《의지와 표상으로서의 세계》 69장 〈의지의 긍정인 자살에 대하여〉를 오해한 데서 비롯된 것으로 볼 수 있다. '의지의 긍정인 자살에 대하여'라는 말이 자살을 긍정하는 것으로 읽힐 수 있기 때문이다.

칸트의 사물 자체와 쇼펜하우어의 의지가 다른 것은 칸트에게는 사물 자체가 인간이 인식할 수 없는 것이었지만 쇼펜하우어에게서 그것은 욕망이었다. 그러니 의지의 긍정은 욕망을 이겨 내지 못하고 끊임없이 추구함을 뜻한다. 이것을 쇼펜하우어는 '개별적 현상의 자의적인 파기'이며 '의지의 부정과 아주 거리가 먼 자살은 의지를 강력하게 긍정하는 현상체'라고 설명한다.

그러나 자살을 하는 사람은 욕망을 멈출 수 없기 때문에 사는 것을 멈추는 것이다. 이 말은 더이상 자신을 긍정하지 못하고 자신의 현상을 파기하는 것이다. 그는 의지가 꺾이지 않은 채, 즉 요즘의 중·꺾·마의 상태에 있기 때문에 의지가 드러나 있는 신체를 파괴하면서 고통으로부터 도피하는 것이다.

자살이란 비참한 이 세상에서 실제적인 구원을 받는 것
이 아니라 단지 엉터리 구원을 받는 것에 지나지 않으므로,
최고의 도덕적 목표에 도달하는 것에 배치된다는 점이다.

- 《쇼펜하우어의 행복론과 인생론》, 279

쇼펜하우어는 자살을 도덕적 의미에서 반대하지만, 그
리스도교는 자살을 범죄로 본다는 점에서 쇼펜하우어의
의견과 다르다. 쇼펜하우어는 그 이유가 그리스도교의 가
장 기본적인 삶의 목적은 가장 깊은 고난, 즉 십자가를 지
고 사는 것이기 때문이라고 한다. 그러니까 고난의 십자가
를 집어 던지는 것은 그리스도인으로서 삶의 본래 목적을
내동댕이치는 것이나 마찬가지인 대죄인 것이다.

인간이라면 누구든 자신의 신체나 목숨에 대해 확실한
권리를 갖는 것이 분명한데, 그리스도교의 세계에서 자살
을 범죄로 낙인찍고 장례식마저 떳떳하게 치르지 못하게
하는 그리스도교의 전통을 이제는 성경의 권위만으로 지
킬 수 없다는 것이 쇼펜하우어의 판단이다. 그러면서 그는
그 이유를 다음과 같이 말한다.

자살이란 인간이 자연에 물어서 답변을 강요하려는 하나의 실험이자 질문으로 볼 수도 있다. 다시 말해 죽음을 통해 인간의 생존과 인식이 어떤 변화를 겪는지 알아보려는 실험 말이다. 하지만 그것은 서툰 실험이다. 왜냐면 이 실험은 질문하고 대답을 들어야 할 의식의 동일성마저 파괴해버리기 때문이다.

- 《쇼펜하우어의 행복론과 인생론》, 280

우리 사회가 극단적 선택이라고 표현하는 자살을 쇼펜하우어는 서툰 실험이라고 말한다. 그 실험이 서툰 것은 실험을 한 주체가 결과를 알 수 없기 때문이다. 우리 사회는 이런 서툰 실험을 시도하는 사람이 OECD 국가 중에서 19년 동안 계속 1위를 차지하고 있다. 매일 36명이 결과 없는 서툰 실험을 계속하고 있는 것이다.

긍정의 효과만을 너무 떠벌리는 사회환경을 차라리 부정으로 바꾸어야 하는 걸까? '포기하지 마라'가 아닌 이젠 웬만한 건 포기하라고. '포기'라는 영어 표현은 give up이다. '무언가를 올려 주어라'는 뜻인데, 독일어 역시 auf geben이다. 무언가를 위로 올려 주어라. 그러므로 위로 올릴 그 무언가에 따라 포기는 포기가 아닌 다른 것이 될 것이다.

책방 주인이 되는 꿈
— 쇼펜하우어의 독서 방법

책처럼 가슴을 울리는 말도 없다. 적어도 나에겐. 대학교에 막 입학하여 학생 카드라는 것을 작성해 냈더니 지도교수가 날 불렀다. 요즘 말로는 미래설계 상담이고 그때는 학생지도라는 명목의 학생 감시였다. 얘가 삐딱한 생각을 하고 있는지, 사회에 불만은 없는지, 어디 좀 이상한 동아리 활동을 하는지 알아보는 게 전부였다.

교수가 날 부른 이유는 학생 카드에 쓴 나의 장래희망이 궁금했던 모양이다. 다른 학생들이 공무원, 대기업 취업, 교수나 선생님이란 장래를 희망하던 그때 나는 책방 주인이란 말을 장래 희망란에 써넣었다. 서점도 아니고 촌스럽게 책방 주인이라니. 교수 보기에 '이놈은 한심한 것이라 아니라 뭔가 불순한 생각을 품고 있다'라고 여겼던 모양이다. 그리고 그 희망은 그때보단 못하지만 지금도 여전하다.

청춘 시절에 내가 책방 주인을 꿈꾸었던 것은 책을 사기도 접하기도 어려웠던 시절이었기에 마음껏 책을 가까이하고 싶어서였다. 독일 유학 시절에 도서관 문을 열고 들어설 때의 설렘은 요즘 국립세종도서관을 들어설 때와 크게 다르지 않다. 나만 느낄 수 있는 책의 향기를 맡을 수 있다. 킨들 같은 전자책의 시대가 왔어도 '페이퍼북의 시대는 결코 사라지지 않을 것'이란 마셜 맥루한Marshall Mcluhan의 말이 나에게만큼은 여전히 유효하다.

요즘도 학기 초만 되면 나는 신입생에게 이런 말을 꼭 한다. 책을 가까이 접하라고. 그러나 독서의 방법을 바꿔야 한다고.

우리는 전통적으로 '하늘천 따지'에서 시작하여 어조사는 실질적인 뜻이 없고 보조로만 쓰인다는 '위어조자謂語助

者 언재호야謂語助者 焉哉乎也'까지 다 통달해야 한 권의 책을 읽은 것이라 하여 책 떼기라는 의식까지 치렀다. 그러나 이 방법은 정보의 양이 적었을 때나 가능했다. 노아가 방주를 띄워야 살아남을 만큼 정보의 홍수를 이루고 있는 이 시대에는 독서의 방주도 노아의 방식으로 만들어선 살아남지 못한다. 그래서 나는 내 나름의 독서 방법을 권한다.

도서관에 가서 서가에 꽂혀 있는 책의 책등을 보고 제목만 읽어도 그 책의 반의반은 읽은 셈이라고 말한다. 그러고 나서 정말 관심 가는 책이 있으면 손으로 뽑아 들고 목차를 읽으라고 권한다. 목차는 많아 봤자 서너 페이지에 불과하니까. 그러고 나면 그 책은 이미 반 이상 읽은 거나 다름없다. 그리고 흥미가 없으면 다시 서가에 꽂아 두거나 목차 가운데 가장 눈에 띄고 궁금한 곳이 있으면 그곳을 펼쳐 읽으라고 말한다.

그러면 그 책은 거의 다 읽은 셈이나 다름없고 나중에 다른 공부를 할 때 그 책이 머릿속에 떠오르면 다시 읽게 되는 경우가 일어날 것이라고. 그러니까 처음부터 끝까지 통독하겠다는 생각보다 책의 아무 곳이나 펼쳐 재밌고 이해하기 쉬운 부분부터 읽는 습관을 들이라고 강조하는 것이다.

쇼펜하우어는 〈독서와 책에 대하여〉에서 "독서란 자기 스스로 생각하지 않고 남이 대신 생각해 주는 것이다"라며 독서 행위에 대해 다소 부정적 입장이다.

다시 말해 우리는 그 사람의 마음에서 일어나는 과정을 따라가는 것에 불과하다. 그것은 학생이 글쓰기를 배울 때 선생이 연필로 그어 놓은 선을 따라 펜을 움직이는 것과 같다. 그것에 따라 책을 읽으면 우리는 생각을 거의 하지 않는다. 독자적 사고를 하다가 독서를 하면 마음이 한결 홀가분해지는 것은 바로 그 때문이다.

– 《쇼펜하우어의 행복론과 인생론》, 389

그러나 그의 글을 자세히 따라가다 보면 남의 생각을 따라만 가는 독서를 경계하는 것임을 알게 된다. 마치 밑그림 위에 반투명 용지를 올려놓고 그 위를 따라 그림 그리듯 독서를 하면 독자적 사고의 능력을 잃게 된다는 것이다. 다시 말해 글씨를 지우지 않고 겹쳐서 써 놓은 흑판처럼 되고 말아 읽은 것을 되새기지 못한다. 음식을 먹는다고 해서 우리 몸에 양분이 되는 것이 아니라 소화가 돼야 양분이 되는 것처럼 독서도 되새겨야만 읽은 것이 자기 것이 된다.

사람은 저마다 타고난 재능이 있는데 독서는 이 재능의 사용법을 가르쳐준다. 그런데 재능을 키우지 못하는 독서는 오로지 차갑고 쓸모없는 수법만 알게 돼 진부한 모방자가 된다고 쇼펜하우어는 염려한다.

그런 염려에 따라 쇼펜하우어는 독서에 대해 몇 가지 조언을 한다. 그 첫째가 아무 책이나 읽지 말라는 것이다. 그것에 대해 그는 읽지 않는 기술이 극히 중요하다고 말한다. 그 기술은 많은 독자의 관심을 끄는 작품, 즉 베스트셀러를 손에 쥐지 말고 모든 시대와 민족을 막론하고 나머지 인류보다 위대하고 탁월한 정신의 소유자여서 그 자체로 명성이 자자한 작가가 쓴 작품을 읽으라는 것이다. 베스트셀러가 다 좋은 책은 아니라는 지금 우리의 생각을 쇼펜하우어는 19세기 중반에 이미 설파한 것이다.

우리의 독서법에서 보면 읽지 않는 기술이 극히 중요하다. 그 기술이란 늘 곧장 좀 더 많은 독자의 관심을 끄는 작품을 그 때문에라도 손에 쥐지 않는 데 있다. 가령 곧바로 독서계에 물의를 일으키고 출판되는 해에 몇 판을 찍고 그것으로 끝나는 정치적 팸플릿, 문학 팸플릿, 소설, 시 따위를 사보지 말아야 한다. 오히려 항상 얼마 안 되더라도 일정 시간을 독서에 할애해 모든 시대와 민족을 막론하고 나머지 인류보다 위대하고 탁월한 정신의 소유자라서 그 자체로 명성이 자자한 작가가 쓴 작품만 읽도록 하라. 이런 작품만이 정말로 우리에게 교양과 가르침을 준다.

- 《쇼펜하우어의 행복론과 인생론》, 393

사람들은 나쁜 책일수록 더 많이 읽고 좋은 책을 덜 읽는다는 것이다. 인생은 짧고 시간과 힘은 한정되어 있는데 말이다.

두 번째는 고전을 읽으라는 것이다. 이는 쇼펜하우어가 아니더라도 독서를 권하는 사람이라면 누구나 한 번쯤 하는 말이다. 그러나 "누구나 읽어야 하지만 그 누구도 읽기

싫어하는 것이 고전"이라는 마크 트웨인Mark Twain의 말처럼 고전을 즐겨 읽는 사람은 그리 많지 않다. 특히 젊은 세대일수록 더욱 그렇다. 그들이 원하는 것은 지금 당장 필요하고 써먹을 수 있는 지식이지 자기 생각의 발전이 아니기 때문이다.

하지만 스티브 잡스가 이런 말을 하지 않았는가. "소크라테스와 점심을 먹을 수 있다면 애플이 가지고 있는 모든 기술을 포기할 수 있다." 고전 읽기의 중요성을 쇼펜하우어는 슐레겔Schlegel의 멋진 글로 강조한다. 그는 이 글을 접한 후부터 자신의 좌우명으로 삼은 운명에 감사한다고 했다.

열심히 고전을 읽어라, 진정으로 참된 고전을!
최근에 나온 글은 그다지 중요하지 않으니.

어쩌면 청년세대보다 중년을 넘어 은퇴한 실버 세대가 고전을 많이 읽는 현상은 늦게나마 독서 방법의 중요성을 깨달았기 때문일 수도 있다.

독서의 마지막은 반복이다. 자신이 읽은 것을 모두 간직하고 있기를 바라는 것은 지금까지 먹은 것을 몸속에 담고 있기를 바라는 것과 같다고 쇼펜하우어는 말한다.

반복은 연구의 어머니다. 중요한 책은 무엇이든 즉시 두 번 읽는 게 좋다. 그래야 사물의 맥락을 좀 더 파악할 수 있고, 끝을 알고 있으면 처음 부분을 비로소 제대로 이해할 수 있기 때문이다. 또한 두 번째 읽을 때는 어떤 대목도 처음과 다른 분위기와 기분을 느끼므로, 다른 인상을 받는다. 그것은 어떤 대상을 다른 각도로 보는 것과 같다.

― 《쇼펜하우어의 행복론과 인생론》, 395

삼시 세끼를 먹기 때문에 육체적으로 살고 있듯이 독서는 정신에 생명력을 불어넣어 준다. 독서 행위는 지식을 머릿속 창고에 차곡차곡 쌓는 것이 아니라 스스로 생각할 수 있는 정신의 능력을 유지해 주는 것이다. 그 능력이 없으면 독서로 얻은 지식의 활용도 불가능하다. 따라서 끼니 때마다 매번 다른 음식을 먹을 수 없듯이 독서도 같은 책을 어느 정도 반복적으로 하지 않으면 독서를 통한 지식의 내용도 제대로 소화할 수 없다. 쇼펜하우어는 반복은 연구의 어머니이며, 중요한 책은 무엇이든 두 번 읽는 게 좋다고 강조하다. 그래야만 맥락을 제대로 파악할 수 있고, 두 번째 읽을 때 처음에 이해하지 못하고 느낄 수 없었던 새로운 것을 알게 되는 것이다.

내가 젊은 시절에 읽었던 김현의 평론집 가운데 《책 읽기의 괴로움》이 있었다. 당대의 주목을 받던 프랑스 문학 연구가답게 책을 어설피 읽을 수는 없고 꼼꼼하고 치밀하게 읽은 후 그에 대한 평을 써야 했으니, 책 읽는 일이 얼마나 무거웠으랴. 김현은 그 괴로움을 이렇게 말했다.

책 읽기. 고통스러운 것은 책 읽기처럼 세계를 살 수가 없기 때문이다. 그것은 이중의 의미를 띠고 있다. 우리는 책을 읽듯 세계를 읽을 수가 없다. 세계라는 책은 너무 크고 복잡하여, 그것의 구조를 선명하게 드러낼 수 없다. (…) 또한 우리는 책 속에서 읽은 대로 세계를 살 수가 없다. 책 속에서 읽은 대로 세계를 이해할 수는 있지만, 그 결과가 반드시 행복스러운 것은 아니다.

지금 다시 읽어보니 그때는 맞고 지금은 틀린 것 같고, 아니면 반은 맞고 반은 틀린 것 같다. 책을 괴롭게는 읽지 말자는 것이다. 적어도 김현과 같은 평론가가 아니라면. 그렇다고 책을 취미 삼아 읽지도 말아야 한다. 독서는 취미가 아니라 일이며 신성한 노동이다. 내가 나를 고용해서 시키고 그 대가로 맑은 정신을 유지하는 나의 일.

쇼펜하우어의 글쓰기
— less, but better

지금은 독일의 가전산업이 일본과 한국에 밀려나고 말았지만 1950~1960년대엔 독일이 세계의 가전산업을 주름잡았었다. 지멘스, AEG가 그 중심에 있었고 브라운도 이에 못지않았다. 한국에서는 브라운 하면 전기면도기 정도나 만드는 회사라고 생각하겠지만, 오디오를 아는 사람이라면 브라운의 아틀리에 시리즈를 지금도 빈티지로 고가에 거래한다. '백설공주의 관'이라는 뜻의 슈네비첸스아르크는 그 가운데서 최고의 걸작이다. 브라운의 오디오 기기가 세계적인 명성을 얻게 된 데에는 디터 람스라는 디자이

너 때문이었다.

그는 디자인에서 불필요한 요소를 최소화하고 기능성과 실용성을 강조하는 'less, but better'라는 디자인 철학을 바탕으로 제품 개발을 했다. 디터 람스의 철학은 쇼펜하우어의 글쓰기와 문체에 대한 생각과 적지 않은 공통점을 지닌다.

약 200년 전의 쇼펜하우어가 글쓰기 자체를 위해 글을 쓰는 것과 책을 팔아 이윤을 남기기 위해 글을 쓰는 것을 구분하여 후자를 부정적으로 비판한 것은 지금의 현실과 동떨어져 있지만 글쓰기에 대한 기본적 생각은 아직도 틀리지 않았다.

세상에는 일 자체 때문에 쓰거나 쓰기 위해서 쓰는 두 종류의 저술가가 있다. 전자는 어떤 생각을 지녔거나 경험을 통해 그것을 전달할 가치가 있다고 여긴다. 후자는 돈이 필요해서, 돈 때문에 글을 쓴다. 그들은 글을 쓰기 위해서 생각한다. 그들의 특징은 다음과 같다. 그들은 될 수 있는 한 길게 생각을 뽑아내고, 반쯤 진실하고 그릇된, 부자연스럽고 불확실한 생각을 전개하는 모습을 보인다. 또한 대체로 그들의 실제 모습이 아닌 것을 보이기 위해 불명료함을 사랑한다.

- 《쇼펜하우어의 행복론과 인생론》, 348

지금 글을 쓰고 있는 나는 어느 부류에 속할까? 전자도 후자도 아닌 어정쩡한 부류? 갑자기 자판기 위에서 손가락이 멈춘다.

쇼펜하우어는 글쓰기를 목적이 아닌 태도에 따라 세 가지 부류의 작가가 있다고 말한다. 첫 번째는 기억과 추억을 더듬거나, 남의 책을 이용해서 아무 생각 없이 글을 쓰는 사람들이며 이런 사람들이 가장 많다고 한다. 두 번째로 많은 부류는 어느 정도까지는 생각하면서 글을 쓰는 사람들이다. 마지막은 모든 생각을 마치고 난 후 집필에 착수하는 사람들이다. 이들은 생각 정리를 모두 끝냈기 때문에 글을 쓸 뿐이며 이런 사람은 극히 드물다는 게 쇼펜하우어의 말이다. 글이란 저자의 사상을 반영한 복제품 이상일 수 없다는 것이다. 생각의 가치는 생각의 대상인 소재,

소재를 가공하는 형식에 따라 달라질 수 있다.

세상에는 세 종류의 저작가가 있다고 말할 수 있다. 첫 번째 유형은 사고를 하지 않고 글을 쓴다. 그들은 기억과 추억을 바탕으로 하거나, 남의 책을 직접 이용해서 글을 쓰기도 한다. 이런 부류의 사람이 가장 많다. 두 번째 유형은 글을 쓰면서 사고하는 사람들이다. 그들은 쓰기 위해 사고한다. 그 수는 무척 많다. 세 번째 유형은 사고하고 나서 집필에 착수하는 사람들이다. 그들은 사고를 했기 때문에 글을 쓸 뿐이다. 그런데 그런 사람은 드물다.

- 《쇼펜하우어의 행복론과 인생론》, 349

한 작가의 정신적 산물인 저작물의 가치를 잠정적으로 평가하기 위해서는 그가 무엇에 대해 무엇을 생각했는지 굳이 알 필요가 없고, 그가 어떻게 생각하는지 아는 것으로 충분하다. 그런 사고의 방식, 그 사고의 본질적인 성질과 일반적인 질을 정확히 드러내 주는 것이 바로 문체이다. 관상이 과학이듯이 쇼펜하우어는 "문체는 정신의 관상이다"라고 강조한다. 문체는 한 사람이 지닌 모든 사상의 형식적인 성질이란 것이다. 문체는 관상이고 관상은 과학인 것이다. 다른 사람의 문체를 모방하는 것은 가면을 쓰고 다니는 것과 같다. 아무리 못생겼다 해도 생기 있는 얼굴이 가면보다는 나은 것이다.

쇼펜하우어는 독일에서 통용되었던 그 가면이 피히테에 의해 도입되어 셸링에 의해 완성되었고 헤겔에 의해 정점에 도달했다고 비난한다. 중요한 사상을 누구나 이해할 수 있게 표현하는 것만큼 어려운 것도 없는데 이해되지 않는 것을 이해하지 못하는 자에게 친근하게 여기게 만드는 지식인의 태도가 문제인 것이다. 대학의 사이비 철학자에 의해 도입된 이러한 방식이 일반화되었고 그것이 유명 저술가에게도 전염되었다는 것이다. 쇼펜하우어의 문체가 당대의 헤겔과 피히테, 셸링에 비해 평범하고 단순하면서 겉멋을 부리지 않은 것은 바로 쇼펜하우어의 이런 주장을 뒷받침한다.

쇼펜하우어는 글쓰기에서 단순함과 소박함을 강조한

다. 사람들은 자기에게 없는 것도 있는 척하며 허세를 부리는 법인데 자기를 있는 모습 그대로 보여주겠다는 소박함은 오히려 매력적인 것이 된다. 사실 진정한 철학자일수록 순수하고 분명히, 확실하고도 간결하게 표현하려고 노력한다. 따라서 단순함은 진리의 기본이다.

독일의 미술사학자 빙켈만Winckelmann이 그리스 예술의 본질을 고귀한 단순함과 고요한 위대함에서 찾은 것도 이와 같은 이유일 것이다. 자기 생각이 분명하지 않을수록 쓸데없는 말을 늘어놓거나 애매모호한 표현을 자주 쓴다. 표현이 모호하고 불분명한 문장은 정신적으로 매우 빈곤함을 반증한다. 이것은 생각이 똑 떨어지게 정리되지 않았다는 것이고, 스스로 생각하는 능력이 부족하다는 증거이다. 그러기 때문에 난해하고 엉클어지고 불분명한 말을 하는 사람들은 자기가 무슨 말을 하려는지도 제대로 알지 못한다.

이처럼 표현이 모호하고 불명료한 것은 십중팔구는 사상이 불명료하기 때문이며, 사상이 불명료한 것은 다시 거의 언제나 사상의 근본적인 부적절, 모순, 즉 오류에서 기인한다. 어떤 사람의 머릿속에 어떤 올바른 사상이 떠오르면 그것을 명료화하기 위해 노력해서 이내 그 목적을 달성할 것이다.

- 《쇼펜하우어의 행복론과 인생론》, 374

글쓰기뿐만 아니라 말하기도 마찬가지이다. 살다 보면 여러 사람을 만나는데 어떤 의견을 묻거나 제안을 했을 때 습관적으로 '글쎄'라는 말로 대답하는 사람들이 있다. 그럴 때 나는 농담조로 '글세'는 글을 배우고 내는 세'라고 넘어가고 말지만, 그런 말 습관을 통해 그의 지식의 폭과 사고의 깊이를 어느 정도 알게 된다. 이런 점을 쇼펜하우어는 퀸틸리아누스Quintilianus의 말을 빌려 강조한다.

학식이 풍부한 사람일수록 흔히 알기 쉽고 명료하게 말하는 반면, 유능하지 않은 사람일수록 더욱 어렵게 말한다.

- 《쇼펜하우어의 행복론과 인생론》, 374

3부

쇼펜하우어의
홀로서기 철학

의지와 표상으로서의 세계,
또는 의지와 표상일 때의 세계

《의지와 표상으로서의 세계》는 독일어 'Die Welt als Wille und Vorstellung'을 우리말로 옮긴 것이다. '으로서' 에 해당하는 'als'를 '~일 때'로 본다면 '의지와 표상일 때의 세계'도 될 수 있으며 어떤 사람은 아예 '세계는 의지와 표상', '의지와 표상이 세계다'라고 주장하기도 한다. 어쨌든 간단한 명사로 이루어진 제목이라 우리말로 옮길 때 별문제가 없으나 각각의 단어에 담긴 의미를 면밀히 살펴보지 않으면 오해를 낳기 쉽거나 이해가 어렵다.

'Wille'는 영어의 조동사 'will'에 해당하는 'wollen'의 명사이다. '~을 하고자 함,' '~을 하고 싶음'을 우리는 의지, 또는 소망, 욕망이라고 말한다. 이렇듯 쇼펜하우어가 말하는 의지에는 소망과 욕망의 의미도 담겨있으며, 그는 특히 욕망의 의미를 중요하게 생각했다.

'표상'에 해당하는 'Vorstellung'은 '~을 앞에 세워 놓다'라는 동사 'vorstellen'의 명사이다. 이 단어는 일상에서 '~를 소개하다'란 뜻으로 주로 사용되고 그것의 명사인 'Vorstellung'은 '앞에 세워 놓음', '소개'라는 뜻보다는 논리학과 인식론의 개념어로써 생각, 상상, 인상, 견해 등의 개념으로 더 많이 쓰인다. 쇼펜하우어는 이 단어를 '충분한 근거에 의해 겉으로 드러난 모습'이란 뜻으로 사용했으며, 우리는 그것을 '표상表象'이란 한자어 번역으로 알고 있다.

이와 같은 어원적 근거를 들어 쇼펜하우어의 의지와 세계를 쉽게 설명하면 '세계'란 하고자 하는 것(의지)과 드러난 것(표상)으로 이루어졌다는 것이다. 그런데 쇼펜하우어는 인간이 인식할 수 있는 세계는 표상일 뿐이라는 것이다. 아주 간단한 말이라 알 것 같지만 도무지 이해할 수 없고 그래서 뭐가 어쨌다는 거냐는 생각이 들 수도 있다. 마치

아인슈타인의 상대성 원리 가운데 질량과 에너지의 등가 원리를 나타내는 수식 $E=mc^2$처럼 물리학을 전공하지 않은 사람에겐 바로 이해되지 않는 경우와 같다.

여기서 '세계'란 우리가 말하는 땅과 물과 하늘, 산과 나무, 물속에 물고기, 하늘을 나는 새만 말하는 것이 아니라 우리가 '말할 수 없는 것의 세계'도 있다는 것이 문제이고 더 중요하다. 그 세계를 알고 이해하는 것이 인류 사상사의 가장 기본적이고도 중요한 숙제였는데 아직 그것이 다 풀렸는지는 그 누구도 장담 못 한다. 그러니 세계를 설명하려 하지 않고 더 명확하게 밝히려 했던 비트겐슈타인이 자신의 주저 《논리철학 논고》에서 "말할 수 없는 것에 대해서는 침묵해야 한다"로 매듭지은 이유를 이해할 만하다.

인간이 알고 있는 세계는 직관적, 감각적 세계와 더불어 관념적 세계가 있다. 관념적 세계에 대한 이해는 인간이 알고 있는 세계가 정말로 실체로서의 존재 가능성을 묻고 따지는 것이다. 플라톤은 인간이 파악할 수 있는 것은 인간 앞에 드러난 현상일 뿐 모든 사물의 원인과 본질, 즉 실체는 '이데아'라고 했다. 그런데 인간은 그것을 파악할 수 있는 능력이 없는 것이다. 그 때문에 인간의 능력을 초월한, 전지전능하여 인간의 필요에 따라 도움을 줄 수 있는 신의 존재가 가능해졌다. 그리스 시대에 수많은 신이 등장했던 것은 어쩌면 플라톤 때문인지도 모른다. 아니면 플라톤은 이미 신들의 세계에 종속된 인간 세계의 합리화를 위해 이데아를 주장할 수밖에 없었을 것이다.

플라톤의 주장은 그리스도교와 결합하여 유럽의 지배 이데올로기가 된다. 이데아(형상, 개념)와 로고스(말, 학문, 이론)의 기막힌 케미가 이데올로기를 만들어낸 것이다. 그러나 그 이데아를 받치고 있던 로고스는 인간이 하느님의 말씀처럼 영생불멸이 아니었다.

중세를 거쳐 '새로운 탄생'의 시대가 시작되면서 다른 이데아와 다른 로고스와의 또 다른 케미가 필요해졌다. 그렇다고 해서 지금까지 믿어온 이데올로기를 유통기한이 지난 편의점의 물건처럼 손쉽게 폐기시키는 것은 쉽지 않았다. 그 이데올로기의 장점은 애초에 만들어질 때 유통기한이나 유효기간을 생각할 필요가 없었기 때문이다. 그럴 즈음에 프랑스의 조그만 동네 아비뇽에서 한 여인 때문에 가

습앓이하던 **페트라르카*** 가 자기의 절절한 심정을 고급진 라틴어가 아니라 후진 이탈리아어로 담아낸 소네트가 언더그라운드의 음악처럼 사람들에게 알음알음 퍼지고 있었다.

그리고 지구는 혼자 돌면서도 태양 주위를 열심히 돌고 돌아 스피노자에 이르렀고 데카르트를 낳고 칸트를 만나게 되었다. 칸트는 플라톤의 이데아론을 그가 살던 시대에 맞게 리뉴얼했는데 그게 바로 이데아 개념을 '사물 자체'로 바꾼 것이다. 칸트는 플라톤이 지은 견고한 집을 허물고 새집을 지을 정도로 과감한 인물은 아니었다. 그는 각방살이를 하는 합리론과 경험론이 함께 지낼 수 있는 하나의 공간을 만들고자 했다. 그것이 바로 칸트의 《순수이성비판》이다.

페트라르카가 고상하지만 어렵고 딱딱한 라틴어를 집어던지고 쉬운 이탈리아어로 소네트를 썼듯이 칸트는 그리스어 철학 용어를 독일어로 바꾸고 싶어 했다. 그 가운데 가장 중요한 개념이 '이데아'란 말이었다. 칸트는 그 말을 '사물 자체'로 바꾸었다. 이렇게 칸트가 철학의 중요한 개

페트라르카(Francesco Petrarca, 1304-1374)

이탈리아의 시인이자 학자이며 르네상스 인문주의의 선구자이다. 그의 작품과 학문적 업적은 중세와 르네상스를 잇는 중요한 다리 역할을 했다. 가족이 정치적인 이유로 피렌체에서 추방당하여 아레초에서 태어난 그는 어린 시절을 아비뇽에서 보냈으며, 라틴어와 고전 문학을 공부했다. 페트라르카의 가장 유명한 작품은 '라우라'라는 여인에 대한 사랑을 주제로 쓴 시 '칸초니에레'이다. 이 시는 이탈리아어로 쓰였으며, 그의 시들은 후에 르네상스 시인들에게 큰 영향을 미쳤다.

이제 나는 아노라, 나의 잔인한 운명이 원하는 것을
그것은 내가 살아가며 또 눈물을 흘리면서
세상에는 참으로 기쁘고 영원한 것이라곤 없음을…
- 페트라르카, 《칸초니에레Canzoniere, 311》

념을 독일어로 바꾸는 작업은 훗날 하이데거에 의해 절정에 이른다.

흔히 '물자체物自體'로 알려진 독일어 'Ding an sich'는 그것 자체에 붙어있는 사물이란 뜻이다. 그런데 여기서 주의할 것은 사물이라고 해서 우리가 흔히 말하는 꽃, 나무, 물병 같은 사물만을 뜻하는 것이 아니다. 철학에서 말하는 사물은 우리의 인식능력을 통해 경험하고 알 수 있는 것이며 이를 '현상Phenomena'이라고 한다. 칸트는 현상도 드러남이란 뜻의 독일어 'Erscheinung'으로 바꾸었다. 그러나 드러나지 않으면서 존재하는 것이 있는데 이것이 바로 실체이다. 여기에는 물리적인 대상뿐 아니라 형이상학적 본질, 사실, 사건 등 모든 것이 포함된다. 우리가 인식하는 현상은 주관적 틀 안에서 이해되지만, 사물 자체는 우리의 경험 밖에 있고 우리는 그것을 직접적으로 알 수가 없다.

같은 터에 기초 구조가 크게 다르지 않은 집을 지으려한 점에서 플라톤과 칸트 사이에 본질적인 차이는 크지 않다. 다만 이데아나 사물 자체를 인간의 이성으로 파악할 수 없지만 플라톤은 그것이 있다고 확신하고 믿어야 했고,

칸트는 인식의 한계를 인정했고, 그 한계 밖의 것을 인간이 알아내려 해도 알 수 없으니 각자에게 맡기며 실체를 믿거나 말거나로 한발 물러섰다. 칸트는 사물 자체를 인간의 이성으로 파악할 수 없듯이 신에 대한 인간의 이성적 이해는 불가능하지만 믿음 즉 신앙은 가능하다는 것이었다. 이로써 신을 믿는 것도 믿지 않는 것도 가능했고, 특별한 경우이긴 했지만 신앙에 대해 선택사양이 시작되었다.

플라톤과 칸트에 빠져 있었던 쇼펜하우어는 칸트의 사물 자체에 주목하고 그리스도교의 관점에서 볼 때 타락한 곳으로 한 걸음 더 들어갔다. 쇼펜하우어는 세계는 사물 자체와 현상이라는 칸트의 철학을 세계는 의지와 표상이라고 또 한 번의 코페르니쿠스적 전환을 한 것이다. 여기에서 우리는 '의지'와 '표상'을 '하고자 함'과 '드러남'이란 표현으로 바꾸어 놓으면 이해가 쉽다. 물론 하고자 함(의지)이 드러남(표상)이 될 때는 충분한 근거가 있어야 한다.

그런데 삶에서는 근거 없는 '하고자 함'이 드러나지 않을 때가 많기 때문에 인간은 고통스럽다는 것이다. 이러한 흐름은 니체에 와서 절정에 달한다. 니체가 차라투스트라를 불러와 '신은 죽었다'라고 선언하게 한 것은 바로 이런 맥락 속에 연결된 것이다. 쇼펜하우어의 책을 처음 접한 니체는 2주 동안 꼬박 그 책에 매달릴 수밖에 없었다. 그리고 니체는 자신의 운명을 이렇게 예견한다.

나는 그에게서 교육자와 철학자를 발견했음을 예감했다. 그렇지만 단지 책으로 발견했을 뿐이다. 바로 이 점이 큰 단점이었다. 그래서 더더욱 나는 책을 샅샅이 통독하고 생생한 인간을 상상해 보려고 애썼다. 그의 위대한 유언을 나는 읽어야만 했다. 그는 단순한 독자 이상, 즉 그의 아들과 제자가 되고자 했고 될 수 있는 사람만을 자신의 상속자로 삼겠다고 약속했다.

- 니체, 《반시대적 고찰》

《의지와 표상으로서의 세계》
구성

미셸 우엘벡은 《의지와 표상으로서의 세계》를 읽은 후, 첫 문장 "세계는 나의 표상이다"보다 더 솔직하고 깔끔한 문장을 찾기 어렵다고 극찬한다. 그러나 철학을 전공하지 않은 사람이 《의지와 표상으로서의 세계》를 이해하기란 쉽지 않다. 철학을 전공했다고 해서 다 아는 것도 아니며 일반인에겐 '아예 불가능하다'라고 말하는 게 솔직하다. 쇼펜하우어 자신도 자기의 사상을 이해하려면 "책을 두 번 읽는 것" 외에는 다른 방도가 없으며, 처음부터 끝까지 유기적으로 연결되어 있어서 인내심이 없으면 이해가 어려울 것이라고 말한다.

이런 사정을 감안할 때 서술된 사상을 깊이 있게 파고들려면 이 책을 두 번 읽는 것 외에는 다른 방도가 없다는 것이 저절로 밝혀진다. 그것도 처음에는 시작이 끝을 전제로 하는 것과 거의 마찬가지로 끝이 시작을 전제로 하고, 또 모든 뒷부분이 앞부분을 전제로 하는 것과 거의 마찬가지로 모든 앞부분이 뒷부분을 전제로 하고 있음을 강한 인내심을 갖고 읽어야 한다.

- 《의지와 표상으로서의 세계》, 제1판 서문

쇼펜하우어는 《의지와 표상으로서의 세계》를 이해하려면 그 책을 두 번 읽는 방법밖에 없다고 말한다. 하지만 그것도 단순한 두 번의 반복이 아니다. 한 번은 앞에서 뒤로 갔다가 두 번째는 뒤에서 앞으로 오는, 한마디로 그가 말한 두 번은 통달할 때까지 읽으란 말과 같다. 쇼펜하우어 역시 그 책을 쓰기 위해 선배 철학자들이 남겨놓은 책들을 그렇게 읽었을 것이다. 쇼펜하우어는 독서의 중요성과 방법에 대해 《소품과 부록》에서 다시 한번 자세히 다루고 있다.

이 정도로 그의 원작 이해가 어려운데 독일어가 아닌 번역서로 그의 사상에 접근하기란 더욱더 어렵다. 어쩌면 독일인이 그의 독일어 원작을 읽는다고 해도 마찬가지일 것이다.

내가 독일 유학 시절에 칸트 강론 수업을 들었는데, 어느 날 한 독일 학생이 "칸트는 언제 독일어로 번역되어 나오냐?"는 푸념을 들을 적이 있다. 칸트 강의가 어려워 짜증도 나고 웃자고 한 말이었지만 그들도 칸트를 이해하기에는 너무나 어려웠던 모양이다. 또한, 번역에서 오역도 문제이지만 원어가 가지고 있는 중요한 개념이 번역으로 모호해지는 경우다. 한국에 출판된 쇼펜하우어 책 번역서 가운데 을유문화사의 번역본이 무난하다고 할 수 있지만, 그 책의 분량이 750쪽이 넘을 정도로 방대하다. 그나마 부록으로 실린 〈칸트 철학 비판〉을 제외한다 해도 500쪽이 넘는다. 그리고 쇼펜하우어의 철학적 접근방법이 기존의 것과 너무도 다르기 때문이다. 그러니 쇼펜하우어가 말한

대로 《의지와 표상으로서의 세계》를 두 번 읽는다고 해도 그 책은 점점 어려워질 것이다.

쇼펜하우어는 칸트에 의해 완성된 철학이 당대에 오남용되고 있는 현실을 다음과 같이 신랄하게 비판한다.

> 그동안 칸트를 잘 알지 못하는 세대가 성장한 데다, 그의 저서를 대충 훑어보고 성급하게 읽거나 남이 쓴 보고문을 읽는 사람이 많아졌기 때문이다. 또 잘못된 지도를 받은 결과 이 세대가 자격을 갖추지 못한 평범한 사람들이나 세상 사람들이 무책임하게 칭찬하는 허풍선이 궤변가들의 학설을 읽느라 시간 낭비를 했기 때문이기도 하다. 그 때문에 기본 개념에 혼란이 일어나고, 그렇게 교육받은 세대가 스스로 학설을 내세우고 뽐내고 허세를 부리는 데서 일반적으로 더없이 조야하고 볼썽사나운 일이 벌어진다.
>
> - 《의지와 표상으로서의 세계》, 제2판 서문

쇼펜하우어의 한탄에 대해 '남의 얘기가 아니다'란 말밖에 할 수가 없다. 그런 탓에 칸트의 철학은 "위로는 국가적 목적이 되었고, 아래로는 개인적 목적이 되었으며, 그것은 엄밀히 말해 철학 그 자체가 아니라 그것의 유령에 불과한데 철학으로 통용되고 있다"며 쇼펜하우어가 철학의 오남용을 비판한다.

그런데 더욱 큰 문제는 믿기 어려울 정도의 많은 사람이 그런 상황을 이해하려 하지 않고 이해할 능력도 없다는 현실이다. 쇼펜하우어는 철학이 정치적 수단으로, 다른 한편으로는 지식인들의 생계 수단으로 창피하게 잘못 쓰이고 있는 현실을 심히 못마땅해하면서 철학을 정치판에서 구하고 강단에서 끌어내려 일상생활에서 구현하고 싶어 했다.

그러했기에 쇼펜하우어는 20여 년에 걸쳐 헤겔과 같은 정신적 괴물이 가장 위대한 철학자라고 떠벌려진 현실을 한탄했고, 헤겔을 떠받든 시대의 사람들로부터 자신이 갈채를 받는 것도 불가능한 일이며 그렇다고 하더라도 자기가 쓴 글에서 단 한 개의 철자도 고치고 싶지 않다고 단언한다. 그러면서 그는 자기의 입장을 이렇게 밝히고 있다.

나는 언제나 반성, 즉 합리적 사유와 솔직한 전달의 입장에 있으며, 지성적 직관으로 불리거나 절대적 사유로도 불린, 적당한 이름으로 부른다면 허풍과 협잡으로 불리는 영감靈感의 입장은 결코 아니다. 나는 이 정신으로 작업해 오면서, 그동안 줄곧 그릇된 것과 나쁜 것이 일반적으로 인정받고, 그러니까 허풍(피히테와 셸링)과 협잡(헤겔)이 최고로 존경받는 것을 보아 왔기에 동시대인의 갈채를 일찌감치 포기해버렸다.

- 《의지와 표상으로서의 세계》, 제2판 서문

쇼펜하우어의 일갈에 고개가 숙여지고 숙연해질 뿐이다.

《의지와 표상으로서의 세계》는 모두 4권과 부록으로 구성되었다. 그리고 1권에서 4권까지 표상과 의지의 세계를 번갈아 가며 모두 71개의 장으로 나누어 놓았다. 각 장에 비교적 구체적인 제목이 달려 있어(사실 쇼펜하우어가 쓴 원작에는 제목이 달려 있지 않지만 아마도 번역과정에서 독자들을 배려해 제목을 넣은 것 같다) 목차를 보면 그나마 책의 구성을 일목요연하게 알 수 있으며 쇼펜하우어가 권장한 방법은 아니지만, 독자는 관심을 끄는 장부터 선택적으로 읽을 수도 있다.

그리고 각 권의 첫머리에는 쇼펜하우어가 그 권의 내용을 요약해 보여주는 인용문이 있다. 그 내용을 보면 제1권에는 "벗이여, 유년기에서 벗어나 깨어나라!"는 루소의 글이 있고, 제2권은 "그는 우리 속에 깃들어 있다. 지하세계나 하늘의 별들 속이 아니라. 이 모든 일이 생기게 하는 것은 우리 마음속에 살아 있는 영혼이다"라는 아그리파 폰 네테스하임의 서간집 내용으로 시작한다. 그리고 제3권은 플라톤의 《티마이오스》에서 "영원히 존재하지만 생성하지 않는 것은 무엇일까? 생성하고 소멸하면서도 결코 존재하지 않은 것은 무엇일까?"라는 형이상학의 근본 문제를 던지고 있다. 마지막 제4권은 "인식이 생기자마자 욕망이 사라져 버렸다"라는 《우프넥하트Oupnekhat》에서 답을 찾아 놓는다. 이 네 개의 인용문만 보아도 쇼펜하우어가 이 책의 구성을 어떻게 전개하여 결론을 맺고 있는지 얼개를 그릴 수 있다. 쇼펜하우어는 《의지와 표상으로서의 세계》의 특징을 다음과 같이 설명한다.

하나의 사상 체계는 언제나 건축술과 같은 연관을 지녀야 한다. 즉, 한 부분이 다른 부분을 지탱하지만, 후자는 전자를 지탱하지 않으며, 결국 초석은 다른 것들로부터 지탱되지 않으면서 모든 것을 지탱하고, 꼭대기는 아무것도 지탱하지 않으면서 모든 것에 의해 지탱되는 그런 관계를 지녀야 한다. 반면에 단 하나의 사상은 그것이 아무리 포괄적인 것이라 해도 더없이 완전한 통일성을 유지해야 한다. 그럼에도 이 사상을 전달할 목적으로 여러 부분으로 잘게 나눠야 할 경우, 다시 이 여러 부분은 서로 유기적 관계를 지녀야 한다. 즉, 각 부분은 어느 것이 먼저고 나중이라 할 것 없이 전체에 의해 지지되는 동시에 전체를 지탱하고, 전체 사상은 각 부분을 통해 분명해지며, 전체가 먼저 이해되지 않으면 아무리 작은 부분이라 해도 완전히 이해될 수 없는 그런 관계를 지녀야 한다.

－《의지와 표상으로서의 세계》, 제1판 서문

말하자면 각 부분은 어느 것이 먼저고 나중이라 할 것 없이 전체에 의해 지지되는 동시에 전체를 지탱하고, 주요 사상은 각 부분을 통해 분명해지지만, 전체가 먼저 이해되지 않으면 작은 부분을 완전히 이해할 수 없는 구조로 짜여 있다고 서문에서 밝히고 있다. 쇼펜하우어는 이러한 논리 구조를 모든 철학적 저술의 기본이라고 생각한다. 그는 《의지와 표상으로서의 세계》를 이해하기 위해서는 서론을 꼭 읽으라고 당부하는데, 이 말은 이 책의 서론이 아니라 그가 이 책 이전에 발표했던 논문 〈충분한 근거에 대한 명제의 네 갈래의 뿌리에 대하여〉를 말한다.

그리고 그는 동시대 철학자들에게 쓴소리를 주저하지 않는다.

이제 철학 교수들을 위해 한마디 더 하도록 하겠다. 그들은 내 철학이 출현하자마자 그들 자신의 노력과 무척 이질적이고 위험천만한 것으로, 또는 통속적인 표현을 쓰자면 그들의 목적에 맞지 않는 것으로 인식했다. 나는 그들이 보여 준 총명함, 진실하고 세심한 태도와 확실하고 총명한 책략뿐 아니라 그러한 책략에 힘입어 내 철학에 맞서기 위해 찾아낸 그들의 적절한 대응 방식, 이를 수행하며 보여

준 일치단결된 태도, 마지막으로 그런 방식을 집요하게 고수하는 것에 언제나 경탄하지 않을 수 없었다. 그 외에 실행하기 무척 쉽다는 점에서도 권장할 만한 것으로 되어 있는 이런 방식은 알다시피, 중요하고 의미심장한 것을 가로채 은폐하는 것을 뜻하며, 괴테의 짓궂은 표현에 따르자면 완전히 무시해서 비밀에 부치는 것을 본령으로 한다. 이 은밀한 방법의 효과는, 뜻이 통하는 정신적 신생아의 탄생을 서로 축하하고, 그리하여 일반 사람들이 그들을 쳐다보지 않을 수 없을 때 그에 관해 서로 환영 인사를 나누고 우쭐한 표정을 지으며 미친 듯 떠들어댐으로써 고조된다. 이 방식이 의도하는 목적을 알아채지 못할 사람이 누가 있겠는가? '일단 살고 난 다음, 철학을 논한다'는 원칙에 이의 제기를 할 여지가 없기 때문이다.

- 《의지와 표상으로서의 세계》, 제2판 서문

쇼펜하우어는 담담한 심정으로 이 말을 했겠지만, 뼈를 때리고 가슴이 아프다 못해 미어진다.

오래전에 철학과는 밥 굶기 딱 십상이라 여기고 철학과

진학을 만류했던 부모님이 오히려 웬만한 강단 철학자들보다 더 철학자다웠다는 생각이 든다. 부모님들은 돈 벌 생각이면 철학을 하지 말고 굶을 각오로 해야 한다는 것을 알고 있었기 때문이다.

"철학, 너는 가난하여 헐벗은 채 다닌다"라는 프란체스코 페트라르카의 말에도 불구하고 생계유지를 위해 철학하는 철학자들을 보고 쇼펜하우어가 한탄한 것이다. 그 때문에 그는 철학 교수들이 교묘하게 꾸며낸 허구, 즉 이성이라는 허구를 절대로 받아들이지 않고 "아무런 보답이나 편들어 줄 동지가 없는 내 철학은 때로 박해까지 당하지만, 있는 그대로의 진리를 북극성으로 삼아 좌고우면하지 않고 앞으로 곧장 나아간다"라고 말한다.

충분한 근거에 대한
명제의 네 갈래의 뿌리

쇼펜하우어의 어머니가 아들의 박사학위 논문을 보고 네 겹의 뿌리, 약제사 운운했던 논문의 제목은 〈Über die vierfache Wurzel des Satzes vom zureichenden Grund〉이다. 우리에겐 〈충분근거율의 네 가지 뿌리에 관하여〉로 잘 알려져 있다. 네 가지 또는 네 겹vierfach과 뿌리Wurzel라는 말이 들어 있으니 어머니가 약초에 관한 논문으로 오해하거나 놀란 것은 황당한 것이 아니다. 이것을 풀어쓰면 충분한 근거의 명제에 대한 네 갈래 뿌리이다. 충분한 이유가 되는 명제, 즉 법칙에 관한 네 가지 범주라고 하면 되겠다.

'충분근거율'이란 표현을 처음 사용한 사람은 라이프니츠이다. 무엇이든 어떤 사실도 충분한 근거 없이는 있을 수 없다는 법칙을 '충분근거율'이라 한다. 쇼펜하우어는 인간이 무엇을 알아보고 깨닫는 인식능력이란 하나의 현상에 대한 원인을 파악하고자 했다. 인간(인식주체)가 외부세계(인식객체)를 이해하기 위해서는 근거가 필요하다는 것이다. 쇼펜하우어는 그것을 '존재', '생성', '인식', '행위'의 네 갈래로 나누어 설명했다. 시간과 공간이 존재의 가능성을 만들고, 어떤 일이 일어나는 데는 원인이 있고, 이성의 논리가 있어야만 인식 대상을 알아볼 수 있으며 동기 없는 행위는 일어나지 않는다는 것이다.

모든 것은 시간과 공간이라는 충분한 근거가 있어야 존재한다고 하는데, 지금 내가 지금 내 방 안에서 컴퓨터 앞에 앉아 있는 것은 현재라는 시간과 내 방이라는 공간이 있어야 가능하다. 이것은 지금 여기에서만의 존재에 대한 규명인데 그렇다면 과거는 어떠한가? 우리가 기억의 한 장면을 떠올리는 것도 특정한 시간과 공간 속에 자리 잡는다. 그 때문에 과거의 존재도 시간과 공간이 없다면 존재하지 않는다. 미래도 마찬가지다. 그렇다면 영혼의 존재는 가능한가? 쇼펜하우어는 그렇지 않다는 것이다. 영혼이 존재할 수 있는 충분한 존재의 근거, 즉 시간과 공간을 제시할 수 없기 때문이다.

쇼펜하우어의 주장을 그리스도교의 성직자나 신자들이 듣는다면 과연 어떠했겠는가? 아무리 자연과학이 발달하고 산업화가 가속화되던 19세기 유럽이었지만 대부분의 사람들은 쇼펜하우어의 주장을 말도 안 되는 소리라며 미친놈이라고 무시했을 것이다. 그런 시대적 상황 속에서 헤겔은 '신'이란 말 대신에 절대정신을 들고나와 신과 같은 존재를 주장했고, 쇼펜하우어는 골리앗과 같은 헤겔과 맞서 싸울 수밖에 없었다. 그리고 쇼펜하우어를 알아볼 수 있었던 사람은 밤을 새워가며 《의지와 표상으로서의 세계》에 빠져들었던 젊은 니체 정도였다.

생성의 근거율은 어떤 것도 충분한 이유 없이 생성되지 않고, 만일 어떤 것이 있다면 그것이 있기 전에 반드시 다른 무언가가 있어야 한다. 난데없이 하늘에서 떨어지는 것은 없고 한번 생성된 것은 그 상태에 머무르지 않고 반드시 다른 상태로 변해간다. 생성의 원인과 결과를 파악할 수 있는 것은 인간의 지성 작용 때문이다. 인간이 태어난 것은 부모가 있기 때문이고, 죽는 것은 시간의 흐름에 따른 결과이다. 이것은 **인간이 가진 지성***에 의해 파악된다.

이성理性과 오성悟性, 또는 이성과 지성智性

서양철학에서 자주 사용되는 용어이다. 우리는 '이성을 잃지 마라'라는 일상의 표현에서 이성을 감정을 통제할 수 있는 능력 정도로 이해하고, 오성은 대오각성이란 말에서 보듯 심오한 깨달음으로 알고 있다. 그러나 칸트가 말하는 이것들은 그렇게 단순하지 않다.

'이성'은 독일어 'Vernunft'를, '오성' 또는 '지성'은 'Verstand'를 옮긴 말이다. 'Vernunft'는 '귀 기울여 듣다, 심문하다'라는 뜻의 동사 'vernehmen'의 명사이고, 'Verstand'는 '이해하다'라는 'verstehen'의 명사이다.

그런데 지금은 오성을 지성이란 표현으로 옮기는 것이 옳다는 의견이 많아졌다. 칸트 철학에서 'Vernunft'와 'Verstand'는 둘 다 중요한 개념이지만, 그 역할과 의미에서 차이가 있다.

지성은 인식을 구성하는 능력으로, 우리의 경험을 조직하고 이해하는 데 사용되는 기본적인 사고 능력을 말한다. 지성은 감각적 자료를 개념화하고 구조화하여, 우리가 경험을 통해 사물을 이해할 수 있도록 하며 개념 형성, 판단, 법칙 적용의 능력을 갖게 한다.

쇼펜하우어는 지성의 부족은 본래 의미로는 우둔이라 하며 이것은 인과율의 적용에 둔감한 것, 원인과 결과, 동기와 행위의 연쇄를 파악할 능력이 없음을 뜻한다고 설명한다.

이성은 보다 고차원적인 사고 능력으로, 인식의 한계를 넘어선 질문을 다루고, 궁극적인 목적과 원리를 탐구하는 능력이다. 이성은 우리의 경험을 초월하는 개념적 사유를 가능하게 하며, 인간 존재와 세계의 근본적인 문제에 대한 이해를 추구한다. 이성은 감각기관을 초월한 자유, 영혼, 신과 같은 초월적 사유를 하며 궁극적인 목적과 의의를 탐구할 수 있으며 규범적 판단을 한다. 'Vernunft'의 기능을 간단히 정리하면 다음과 같다.

지성은 감각적 경험을 조직하고 이해하는 능력으로써 개념 형성, 판단, 법칙 적용 등 일상적 인식과 관련된 기능을 담당하고, 이성은 인식의 한계를 넘어선 질문을 다루고 궁극적인 목적과 원리를 탐구하는 능력이다. 초월적 사유, 목적론적 사고, 규범적 판단 등 형이상학적이고 도덕적인 사유는 모두 이성이 담당하는 것이다. 칸트 철학에서 이 두 개념은 서로 보완적인 역할을 한다. 지성은 우리가 경험 세계를 이해하는 데 필요한 도구를 제공하고, 이성은 이러한 이해를 넘어선 더 깊은 의미와 목적을 탐구하는 것이다. 두 개념을 이해하면 칸트의 《순수이성비판》이 무슨 내용을 다루고 있는지 짐작할 수 있다.

쇼펜하우어는 이것을 "생성의 근거율이 원인과 결과 사이를 필연적으로 결합한다"라고 설명한다. 여기에 동정녀 마리아에게서 태어난 그리스도를 대입해보면 인간의 이성으로는 이해가 가능하지만, 지성으로는 전혀 이해할 수 없는 것이 된다.

인식과 행위의 근거율은 비교적 간단하다. '어떤 것이 옳다'라는 인식을 하려면 이성에 부합돼야 한다는 것이 인식의 근거율이고, 아무리 즉흥적인 행위라도 아무런 동기가 없으면 그 행위가 일어나지 않는다는 것이 행위의 근거율이다. 그런데 이 동기는 외부의 대상이 아니라 자기의 주관과 욕구에서 기인한다. 행위를 유발하는 동기는 항상 자기 자신의 의욕이 드러난 것이다.

쇼펜하우어는 지금까지의 모든 철학적 사유 방식과 완전히 다른 자기의 방식에 동의하려면 '충분근거율'이란 무엇이고 무슨 뜻인지, 그것의 타당성이 어디까지 미치는지, 또 어떤 원리가 모든 사건에 선행하는 것이 아니라 세계는 단지 그 원리의 결과라는 것, 다시 말해 세계는 원리에 따른 필연적 귀결이라는 것을 알아야 한다고 말한다. 그 때문에 어떤 대상이 주관이 인식하는 개체인 한, 그것은 항시 주관에 의해 인식된 형식에 불과하다고 말한다.

《의지와 표상으로서의 세계》는 1, 3권에서 표상의 세계를, 2, 4권에서 의지의 세계를 고찰하고 있다. 저자의 의도였겠지만 표상과 의지의 세계가 번갈아 등장한다. 이 책의 핵심어를 살펴보면 1권에는 의지와 표상, 주관과 객관, 이성과 지성 그리고 감성이며, 2권은 신체와 욕구, 3권은 표상의 객관화인 미와 예술, 문학, 음악 그리고 마지막으로 4권은 삶의 긍정과 부정, 행복과 고뇌, 선악과 도덕, 연민과 허무의 세계 등을 꼽을 수 있다.

"세계는 나의 표상이다"로 시작하는 1권은 칸트의 선험적 인식론과 같은 맥락에서 우리가 인식한 객관은 주관을 통해서만 가능하다는 것이다. 여기에서도 객관이란 말이 다소 어려운데 객관을 대상 또는 사물로 바꾸어 놓으면 조금 쉬워진다. 2권은 세계를 의지로 보면서 의지가 객관화된 것이 표상의 세계라고 설명한다. 3권은 〈예술가와 예술작품〉, 〈미적 만족을 느끼는 주관적 조건〉, 〈숭고함과 미감〉이란 부제에서 보듯이 쇼펜하우어의 예술론이라 할 수 있다. 이것은 쇼펜하우어식의 이데아론이라 할 수 있는데, 충분근거율 없이도 존재하는 이데아의 세계가 바로 예술 세계이며 이를 파악하기 위해서는 인식하는 주체가 자기의 주관을 포기해야 가능하다. 마지막으로 4권은 일반 독자가 접근하기 가장 쉬운 부분이다. 이 부분이 번역서로 나와 널리 읽히는 쇼펜하우어의 행복론, 인생론에 해당하며 인간의 삶이란 고통과 고뇌이고 삶에 대한 의지에 따라 그것이 어떻게 표상되는가를 설명한다.

세계는 나의 의지,
그리고 나의 표상

앞에서 말했듯이 쇼펜하우어의 주저 《의지와 표상으로서의 세계》는 모두 4권 71장과 〈칸트 철학 비판〉이 부록으로 달려 있다. 내가 읽어본 1912년의 루드비히 베른들 Ludwig Berndl, 1977년의 취리히 판본 두 권 모두에는 각 장의 한국어 번역본과 달리 부제가 달려 있지 않다.

1장은 그 유명한 "세계는 나의 표상이다"로 시작하여 곧바로 "이 말은 진리이다"라고 단언한다. 쇼펜하우어는 이 말의 뜻을 자세히 설명하는데, 세계는 나의 표상이란 말은 살아 있어서 인식이 가능한 모든 생명체에 해당하지만, 오직 인간만이 이 진리를 성찰하고 추상적인 의식 속에 갖고 있다고 말한다. 그리고 실제로 인간은 이렇게 하고 있기에 인간에게 철학적 특색이 나타난다는 것이다. 이어서 설명하는 쇼펜하우어의 말을 쉽게 풀어쓰면, 인간은 태양과 대지를 아는 것이 아니라 태양을 보는 눈과 대지를 느끼는 손만 가지고 있다. 인간을 둘러싸고 있는 세계는 오로지 표상으로만 있는데, 다시 말하면 세계는 표상할 수 있는, 즉 살아 있어 인식할 수 있고 그것을 성찰하고 추상적인 의식 속에서 느낄 수 있는 인간과의 관계 속에서만 존재하는 것이다.

그리고 쇼펜하우어는 이 진리가 선험적이라고 말한다. 한 마디로 겪어보지 않아도 누구나 알 수 있다는 것이다. '세계는 나의 표상이다'란 명제가 진리라는 근거를 칸트의 《순수이성비판》의 선험적 진리에서 찾은 쇼펜하우어는 데카르트의 방법론적 회의와 영국의 철학자 버클리Berkeley에게서도 확인한다. 이는 **비아사**Vyasa*가 주장한 베단타Vedānta 철학의 근본 명제로 인도의 현자들은 일찍이 이를 인식했으나 유럽의 사상가들이 이것을 소홀히 했

마하르시 베다 비아사

마하르시 베다 비아사Maharshi Veda Vyasa라고도 알려진 비아사는 힌두교 전통에서 중심적이고 존경받는 인물이다. 그는 전통적으로 힌두교의 고대 경전인 《베다》의 편찬자이자 세계에서 가장 긴 서사시 중 하나인 《마하바라타》와 브라흐마 경(베단타 경전)의 저자로 알려져 있다. 베단타Vedānta라는 용어는 현실, 자아, 궁극적인 현실(브라만)의 본질을 탐구하는 베다의 마지막 부분에 있는 철학적 가르침을 의미한다. 힌두 철학과 문학에 대한 비아사의 공헌은 엄청나며, 그의 작품은 전 세계 수백만 명의 사람들에 의해 계속해서 연구되고 존경받고 있다.

다며 쇼펜하우어가 다음과 같이 한탄한다.

> 이 진리는 결코 새로운 것이 아니다. 이것은 데카르트가 출발점으로 삼은 회의적 고찰에도 이미 있었다. 하지만 이를 최초로 단호히 말한 사람은 버클리였다. 그의 다른 학설은 더이상 존속할 수 없을지라도 그는 이로 인해 철학계에 불멸의 공로를 세웠다. 그러나 부록에서 자세히 다루었듯이 이 명제를 소홀히 한 것이 그의 첫 번째 잘못이었다. 반면에 이 근본 진리는 비아사가 주창한 것으로 간주되는 베단타 철학의 근본 명제로 등장하면서 인도의 현자들이

일찍이 이를 인식했다.

- 《의지와 표상으로서의 세계》, 1권 1장

그러면서 쇼펜하우어는 "베단타 학파의 근본 교의는 물질의 존재, 즉 고체성, 두 물체가 동시에 동일한 영역의 공간을 차지할 수 없는 불침투성, 확장된 형태의 존재를 부정하는 것은 미친 짓이겠지만 물질에 대한 일반적 개념을 바로잡고 그것이 인간의 지각과 무관한 어떠한 본질도 갖고 있지 않으며, 존재와 지각 가능성은 서로 변환 가능한 용어라는 것을 주장하는 것이다"라는 영국의 동양학자 윌리엄 존스William Jones의 《아시아 연구》의 말을 빌려 '세계는 나의 표상이다'라는 경험적 실재성과 초월적 관념성의 양립을 충분히 표현하고 있다고 말한다.

그러기 때문에 쇼펜하우어는 세계는 표상 안에서 고찰 가능하다고 말한다. 칸트식으로 말하면 인간은 사물 자체는 알 수 없고 현상계만 안다는 것이다. 그런데 쇼펜하우어는 표상으로 세계를 고찰하는 것이 진리이긴 하지만, 그것이 일면적이고 자의적인 추상을 불러일으켜 자신의 단순한 표상으로만 받아들이기에 문제가 발생한다고 말한다. 그리고 이러한 일면성을 해결하기 위한 보완책으로 "세계는 나의 의지"라는 또 다른 진리를 천명한다.

그러나 세계는 나의 의지라는 진리에 도달하려면 세계가 표상이라는 인식의 측면을 먼저 고찰해야 하고 이를 위해서는 현존하는 모든 객관, 심지어 자신의 몸까지도 표상으로 고찰해야 한다고 주장한다. 이로써 칸트의 사물 자체와 현상이 의지와 표상으로 바뀌는 코페르니쿠스적 전환이 일어난 것이다.

생각하는 주체인 나,
생각 당하는 객체인 나

　《의지와 표상으로서의 세계》1권 2장은 '주관'과 '객관', 또는 '주체'와 '객체'에 관한 내용이다. 이 두 말에 인식이란 말이 붙어 다녀 이해를 더 어렵게 한다. 주관과 객관이든, 주체와 객체이든 원문 텍스트는 'Subjekt', 'Objekt'로 동일하다. 여기서는 좀 더 쉬운 주체와 객체란 말로 통일하여 이해해 보자. 아니면 '나'와 '대상'이란 말로 보면 더 쉬울 것이다. 쇼펜하우어는 모든 것을 인식하지만 어느 것에 의해서도 인식되지 않는 것이 주체라고 말한다. 나는 객체를, 달리 말해 내 눈에 보이는 대상을 알아볼 수 있지만 정작 나 자신을 제대로 알지 못한다는 것이다. 나도 내가 누구인지 잘 모르겠다'라는 흔한 말이 괜히 있는 것이 아니다. 그런데 이 말을 뒷받침하는 쇼펜하우어의 다음 설명이 매우 어렵다.

> 따라서 주관은 세계의 담당자이며, 현상하는 모든 것과 모든 객관을 관통하며 항시 그 전제가 되는 조건이다. 왜냐면 항상 현존하는 것은 오직 주관에 대해서만 존재하기 때문이다. 누구나 자기 자신을 이 주관으로 발견한다. 하지만 누구나 인식하는 한에서만 그러하고, 그가 인식의 대상인 경우에는 그렇지 않다. 그런데 그의 신체는 이미 객관이므로 우리는 이 입장에서 신체 자체를 표상이라 부른다.
>
> - 《의지와 표상으로서의 세계》, 2장

쇼펜하우어의 이 말을 좀 더 쉽게 풀어써 보자. 주체는 세계를 담당하는 존재이다. 그런데 세계는 나타나는 모든 현상과 객체에게 일반적으로 끊임없이 주어지는 조건이다. 왜냐면 지금 여기에 있는 객체는 주체에 대해서 있기 때문이다. 그러니까 주체는 주어진 조건인 세계 안에서 객체를 인식한다. 그러나 인식하는 대상이 객체일 때 이것이 가능하지만 인식하는 주체가 인식의 대상인 객체가 될 때는 그렇지 못하다는 게 쇼펜하우어의 주장이다. 그런데 주체의 인식 자체가 아니라 주체의 몸은 이미 세계 안에 드러난 현상 또는 하나의 객체이므로 이것은 가능하다. 따라서 객체인 주체의 몸은 주체의 표상이 된다.

이에 관한 쇼펜하우어의 원문 텍스트를 우리말로 옮겨 보자.

몸은 직접적인 객체라 하더라도 객체들 그리고 객체들의 법칙에 종속된 하나의 객체이다. 몸은 직관되는 모든 객체들처럼 시간, 공간과 같은 다양성을 통해서 인식되는 모든 형식 안에 놓여 있다. 하지만 결코 인식되지 않는 주체는 이러한 형식 속에 있지 않고 오히려 그것보다 미리 주어진다. 그러므로 주체에는 다수성도 그것의 반대인 단일성도 없다. 결국 우리는 주체를 인식하지 못한다. 다만 인식되어질 때 인식하는 바로 그것이 주체이다.

- 《의지와 표상으로서의 세계》, 2장

'나'라는 주체의 직접적인 객체는 시간과 공간 안에서 인식될 수 있지만, 그것을 인식하는 주체는 시간과 공간 안에 있지 않기 때문에 인식할 수 없다는 정도로 이해할 수 있을 것이다. 프로이트가 이 부분을 읽었을 때 아마도 인간의 무의식에 대해 착상을 하지 않았을까 싶다. 내가 인식할 수 없는 의지의 세계가 있다는 것을 프로이트는 알게 된 것이고 그는 이것을 무의식, 즉 나의 의지이지만 나도 알 수 없는 세계라고 본 것이다. 이 세계는 우리가 의식하는 세계보다 훨씬 큰 힘을 발휘한다는 것이 쇼펜하우어와 프로이트가 본 인간의 본질적인 문제였다.

쇼펜하우어는 이런 논리 끝에 이렇게 결론 내린다.

표상의 세계는 본질적으로 두 가지 측면을 가지고 있다. 그 하나는 객체의 측면으로 시간과 공간 안에서 존재하고 이로 인해 다수성이 생긴다. 그런데 다른 한 측면인 주체는 시간과 공간 속에 존재하지 않는다. 왜냐면 주체는 표상하는 모든 존재와 나뉘지 않은 채 표상하는 존재 안에 있기 때문이다. 그런데 이 두 가지 측면은 어느 것도 다른 하나에 의해서만 의미를 가지며 현존한다. 이 두 가지는 절대 다른 것이지만 서로 떼어놓을 수 없다. 서로가 면밀하게 접하고 있는데 이것이 객체의 본질적인 것이다. 보편적인 형식인 시간, 공간, 인과성은 객관 그 자체를 인식하는 것이 아니라 주체에서 나온 것이며 완벽하게 인식될 수 있다는 점에서, 칸트의 말을 빌리면 우리의 의식 속에서 선험적으로 존재한다.

의지와 표상이
공존하는 몸

　그리스도교, 이슬람교나 불교도 마찬가지이지만 인간의 몸은 생명이 끝남과 함께 썩어 없어지는 것일 뿐이다. 그러나 영혼은 영원히 남아 이 세상이 아닌 저세상으로 가거나 아니면 다른 몸의 형태로 윤회한다. 몸이 유한성이라면 영혼은 무한한 것이다. 어쩌면 몸은 영혼을 담고 있는 그릇과 같은 것인데 그릇의 모양에 따라 영혼의 양과 질도 달라진다. 다만 그 그릇이 영원히 영혼을 담을 수 없는 유한성이므로 몸의 한계인 것이다.

　그런데 쇼펜하우어는 몸이 인간 존재의 본질적인 부분

이고, 인간의 욕망과 고통이 몸에서 시작된다고 본다. 인간의 욕망은 몸의 충동에서 비롯되며 이것이 바로 의지라는 것이다. 욕망의 충동인 의지가 바로 인간 행동의 원동력이다. 그런데 그 욕망이 충족되지 않으면 고통이 발생한다.

자기 신체의 본질 자체로서, 이 신체를 신체답게 해주는 신체가 직관의 대상, 즉 표상임을 제외하면, 이미 언급했듯이 의지는 이 신체의 임의적 운동 속에서 나타난다. 말하자면 이 임의적 운동은 개별적 의지 행위가 가시적으로 드러난 데 불과하고, 의지 행위에 직접적으로 관련하여 동시에 완전하게 나타난다. 즉, 임의적 행동은 의지 행위와 동일한 것이며, 의지 행위가 이행하여 표상이 된 인식 가능한 형식에 의해서만 의지 행위와 구별될 뿐이다.

- 《의지와 표상으로서의 세계》, 20장

쇼펜하우어는 욕구가 발현되는 몸을 위와 같이 설명한다. 그러나 이것 역시 이해가 어렵다. 원문과 번역문을 자세히 살펴보니 문제는 '제외하면' 때문에 발생했다. 독일어 'außerdem'은 '~을 제외하고'라는 뜻 말고도 '뿐만 아니라', '더구나'란 뜻이 있다. 그런데 여기에서는 '제외하면'으로 해석하는 바람에 의미의 혼란을 일으킨다. 그러니까 이 부분을 원문에 기반하여 "자신의 몸의 본질로서, 몸이라는 것은 직관의 대상, 즉 표상일 뿐만 아니라, 이미 말했듯이 몸의 자의적恣意的 움직임 속에서 나타난다"로 읽으면, 몸은 표상인 동시에 자의적인 의지인 것이다.

그런데 의지에 따른 행위들은 여전히 자신을 넘어서는 다른 이유, 즉 동기를 가지고 있다. 그러나 동기는 때와 장소, 환경에 따라 의욕하는 것에 따라 달라지기 때문에 의욕의 일반성이나 전체 의욕을 특정화할 수 있는 준칙에 적용할 수 없다. "그러므로 나의 의욕은 그 전체 본질상 동기로는 설명할 수 없다. 이 동기는 단지 주어진 시점에서 의지의 발현을 규정할 뿐이며, 내 의지가 모습을 드러내는 계기일 뿐이다."

의지는 목적 없이 움직이기 때문에 그 자체로는 근거를 댈 수 없지만, 의지에 의해 드러나는 현상은 충분근거율에 지배당한다.

그러므로 우리가 알고 있는 표상은 충분근거율에 의해 포착되는 세계인 것이다. 이것을 《쇼펜하우어의 의지와 표상으로서의 세계》 저자인 박은미는 "의지가 인간이 인식할 수 있는 방식으로 드러난 세계가 바로 표상으로서의 세계다. 다시 말해, 표상으로서의 세계는 곧 의지로서의 세계인데 의지로서의 세계는 인간이 포착할 수 없고, 인간이 세계로 포착하는 것은 '표상으로서의 세계'라는 것이다"라고 설명한다. 이를 칸트의 주장에 다시 대입하면 의지는 사물 자체이고 표상은 현상이 되는 셈이다.

의지의
객관화

그렇다면 의지가 객관화된다는 것은 무슨 의미인가?

인간은 사물 자체를 파악할 수 없고 감각기관을 통한 현상만 인식할 수 있듯이 의지가 충분근거율의 지배를 받는 표상으로 나타날 때 쇼펜하우어는 '의지의 객관화'라고 한다. 이는 의지가 시간과 공간 안에서 구체적으로 드러나는 것을 말한다.

어떤 종류의 것이든 모든 표상, 즉 모든 객관은 현상이다. 하지만 의지만이 사물 자체다. 의지 그 자체는 결코 표상이 아니고 표상과는 전적으로 다르다. 모든 표상, 모든 객관은 의지가 현상으로 나타나 가시화된 것, 즉 의지의 객관성이다. 의지는 모든 개체 및 전체의 가장 심오한 부분이자 핵심이다. 의지는 맹목적으로 작용하는 모든 자연력 속에 현상하고 숙고를 거친 인간의 행동 속에서도 현상한다. 그런데 이 둘의 커다란 차이는 현상하는 정도의 차이일 뿐 현상하는 것의 본질에 관한 차이는 아니다.

- 《의지와 표상으로서의 세계》, 21장

　모든 객관은 사물 자체인 의지가 단순히 드러난 현상, 즉 표상이다. 표상으로 드러난 사물 자체는 그 자체로는 더 이상이 객관이 될 수 없다. 현상은 사물 자체인 의지와 다르게 나타나고 현상의 모든 형식으로부터도 자유롭다. 그런데 의지의 가장 큰 문제는 목표도 한계도 없다는 사실이다. 아무런 목표와 한계가 없는 것이 의지의 본질이다. 쇼펜하우어는 이것을 원심력에 비유해 설명한다. 중력에 의해 작동하는 원심력은 구심력에 의해 계속 작동할 뿐 성취되거나 충족되지 않는다. 인간의 노력과 소망에서도 이와 같은 것이 작동한다고 쇼펜하우어는 보고 있다.

소망에서 충족으로, 이 충족에서 새로운 소망으로 끊임없이 옮겨가는 유희가 유지되기 위해서는, 생명을 굳어지게 하는 끔찍한 권태이자 특정한 대상이 없는 김빠진 동경으로서, 숨 막히게 하는 우울로서 나타나는 정체에 빠지지 않기 위해서는 아직 무언가 소망하고 노력할 것이 남아 있을 때가 그래도 제일 행복한 법이다. 이때 소망이 빨리 이루어지는 것은 행복이라 불리고, 더디게 이루어지는 것은 고통이라 불린다.

이 모든 사실에 따르면, 의지는 인식의 빛으로 조명되는 경우 자신이 지금 여기서 소망하는 것이 무엇인지는 늘 알고 있지만, 일반적으로 무엇을 소망하는지는 결코 알지 못한다. 즉, 모든 개별적 행위에는 목적이 있지만, 전체 의욕에는 목적이 없는 것이다. 그것은 사실 모든 개별적인 자연현상이 이때 이곳에 출현하는 것에 대해서는 충분한 원인에 의해 규정할 수 있지만, 이 현상 속에 나타나는 힘은 일반적으로 원인을 갖지 않는 것과 마찬가지이다.

왜냐면 개별적인 자연 현상이 사물 자체, 즉 근거가 없는 의지의 현상 단계이기 때문이다. 그러나 전체로서 의지의 이 유일한 자기 인식은 전체로서 표상이며, 직관적 세계 전체다.

- 《의지와 표상으로서의 세계》, 29장

그러면서 쇼펜하우어는 "이 세계는 의지의 객관성이자 의지의 드러냄이며 의지의 거울이다"라고 결론 내린다.

바보들의
배

미셸 푸코Michel Foucault의 《광기의 역사》는 정신병의 사회사를 연구한 책이다. 푸코는 정신병이 개인적인 결함이 아니라 사회문화적 역사와 관계있다고 보았다. 그에 따르면 르네상스 시대의 광기는 이성과 동떨어진 개념이 아니었다. 광기는 이성으로 인식할 수 없는 그 무엇을 얻을 수 있는 신비로운 능력으로 취급됐으나 근대에 들어와서 광기는 반사회적인 범죄로 여겨졌으며, 광기를 지닌 이들은 사회적 무능력자들과 함께 이성 사회로부터 배제되었다.

이탈리아의 철학자 조르조 아감벤Giorgio Agamben이 말한 호모 사케르Homo Sacer처럼 신성한 희생양이 되었던 것이다. 푸코가 보기에 이들이 처벌받은 이유는 노동을 중시했던 당시 분위기에서 노동하지 않는 사람은 죄인과 같았기 때문이다. 그러나 반 고흐나 니체에게서 보듯이 광기는 이성으로 설명할 수 있는 또 다른 표상의 세계이다. 쇼펜하우어는 이를 충족근거율을 적용할 수 없는 표상의 영역이라고 말한다.

플라톤은 이성과 의지, 욕망을 단계화시켜 이성이 의지에 의해 욕망을 제어할 수 있다고 믿었다. 이성은 학문으로 완성되고, 의지는 종교, 그리고 욕망은 예술로 표상된다는 게 플라톤의 생각이다. 그러니 유럽의 예술가들은 지금의 아티스트가 아닌 손기술이 좋은 '~장이'로서 학문이나 종교에 복무하면서 상류층에 빌붙어 사는 하층민에 불과했다. 그러나 플라톤의 이데아를 사물 자체로 한 단계 발전시킨 칸트는 욕망의 표상인 예술을 다른 관점에서 바라보았다. 그것을 논한 책이 바로 그의 《판단력 비판》이다.

그는 예술을 학문과 종교와 차별하지 않고 같은 차원으

로 보았다. 칸트의 미학은 이렇게 탄생했다. 미적 판단은 보편적 영역으로 다 끌어들일 수가 없다. A라는 여자를 어떤 사람은 예쁘다고 생각하지만 다른 사람은 그렇지 않다고 생각할 수 있기 때문이다. '제 눈에 안경'이라는 말이 이때 딱 들어맞는 말이다. 칸트는 제 눈을 기호, 취미라는 뜻의 'Geschmack'으로 바꾸었을 뿐이다.

아름다움은 객관적, 보편적인 감정이 아니라 각자의 기호나 취미에 따른 주관적이며 개별적인 감정이란 게 칸트 미학의 기본이다. 그런데 칸트는 아름다움이란 인간이 가질 수 있는 최소의 조건 속에서 느낄 수 있기 때문에 보편성을 얻을 수 있다고 한다. 칸트의 영향을 받았지만 그의 그늘 아래서 완전히 벗어날 수 없었던 쇼펜하우어도 아름다움, 즉 예술은 의지와 표상으로서의 세계 밖에 있는 것으로 보고 있다.

예술은 순수 직관에 의해 파악된 영원한 이념, 즉 세계의 모든 현상의 본질적인 것과 영속적인 것을 재현한다. 그리고 재현할 때의 소재에 따라 예술은 조형 예술이 되고, 시나 음악이 된다. 예술의 유일한 기원은 이데아의 인식이고, 예술의 유일한 목적은 이 인식의 전달이다.

학문은 네 겹의 형태를 지닌 근거와 귀결의 끊임없고 변하기 쉬운 흐름에 따르면서, 하나의 목표를 달성할 때마다 계속 앞으로 나아가도록 지시받아, 결코 최종 목표에 도달하지 못하고 또 완전한 만족을 얻지 못하여, 마치 우리가 구름이 지평선에 닿은 곳에 달려가도 그 지점에 도달하지 못하는 것과 같다.

반면에 예술은 어떤 경우에도 목적을 달성한다. 예술은 자신의 관조 대상을 세상만사의 흐름에서 끄집어내어 홀로 고립시키기 때문이다. 그리고 그 흐름에서 사라져 가는 작은 일부분인 이 개별적인 것이 예술에는 전체의 대표가 되고, 공간과 시간 속에 있는 무한히 많은 것의 등가물이 된다. 따라서 예술은 이 개별적인 것의 곁에 머무르고, 시간의 수레바퀴는 예술을 정지시키며, 관계들은 예술에서 사라져 버린다. 본질적인 것, 이데아만이 예술의 대상이다.

따라서 경험과 학문의 길이 바로 이 근거율을 따르는 고찰인 것과는 달리, 예술은 근거율과 무관한 사물의 고찰 방식이라 부를 수 있다.

- 《의지와 표상으로서의 세계》, 36장

이런 고찰 방식의 능력을 가진 사람을 쇼펜하우어는 천재라고 말한다. 미셸 푸코가 제기한 광기는 쇼펜하우어에겐 예술의 천재성이다. 쇼펜하우어는 월등한 관조 능력이 천재의 본질이라고 주장한다. 그런데 관조는 자기 자신과 자신의 관계를 완전히 잊는 것을 요구하며 천재성은 다름 아닌 가장 완전한 객관성, 자기 자신의 의지에 좌우되는 주관과 달리 객관적 방향으로 향한다. 그리고 아리스토텔레스가 최고의 행복으로 여긴 '관조적 삶vita contemplativa'은 쇼펜하우어에 와서는 훗날 한나 아렌트Hannah Arendt가 말한 '활동적인 삶vita Activa'으로 바뀐다.

어느 한 사람에게 천재성이란 제한되지 않는, 반복되는 말이지만 충분한 근거를 뛰어넘는 인식력이 있어야 한다. 그것은 평범한 현재에 만족하며 일상생활에서 안락함을 즐기는 평범한 사람들에게는 없는 '상상력Phantastic'이다.

상상력은 천재성의 본질이지만 천재성과 동일한 것은 아니다.

그런데 상상력은 두 가지 방식으로 나타난다. 하나는 이데아를 인식하기 위한 수단으로, 그 이데아의 인식을 전달하기 위한 예술 작품으로 나타난다. 다른 하나는 이기심에 매달려 순간적인 술수를 부리거나 흥겨움만 가져다주는 데 그치고 만다. 바로 이런 재능을 부리는 사람은 흔히 몽상가라고 불린다.

쇼펜하우어, 홀로서기 인생철학
균형 있는 삶을 위하여

초판 1쇄 인쇄 2024년 07월 30일
초판 1쇄 발행 2024년 08월 05일

지은이 서경홍
펴낸곳 굿모닝미디어
펴낸이 이병훈

출판등록 1999년 9월 1일 등록번호 제10-1819호
주소 서울시 마포구 동교로50길 8, 201호
전화 02) 3141-8609
팩스 02) 6442-6185
전자우편 goodmanpb@naver.com

ISBN 978-89-89874-50-8 03100